SITEJIAOYUXILIECONGSHU

# 教师快乐工作指导

《"四特"教育系列丛书》编委会　编著

吉林出版集团股份有限公司
全国百佳图书出版单位

**图书在版编目 (CIP) 数据**

教师快乐工作指导 / 《"四特"教育系列丛书》编委会编著 . 一长春：吉林出版集团股份有限公司，2012.4

（"四特"教育系列丛书 / 庄文中等主编 . 教师全方位修炼）

ISBN 978-7-5463-8758-1

Ⅰ . ① 教 … Ⅱ . ① 四 … Ⅲ . ① 中小学－教学－工作
Ⅳ . ① G635.16

中国版本图书馆 CIP 数据核字（2012）第 045808 号

**教师快乐工作指导**

JIAOSHI KUAILE GONGZUO ZHIDAO

| | | |
|---|---|---|
| 出 版 人 | 吴　强 | |
| 责任编辑 | 朱子玉　杨　帆 | |
| 开　　本 | 690mm×960mm　1/16 | |
| 字　　数 | 250 千字 | |
| 印　　张 | 13 | |
| 版　　次 | 2012 年 4 月第 1 版 | |
| 印　　次 | 2023 年 2 月第 3 次印刷 | |

| | |
|---|---|
| 出　　版 | 吉林出版集团股份有限公司 |
| 发　　行 | 吉林音像出版社有限责任公司 |
| 地　　址 | 长春市南关区福祉大路 5788 号 |
| 电　　话 | 0431-81629667 |
| 印　　刷 | 三河市燕春印务有限公司 |

ISBN 978-7-5463-8758-1　　　　定价：39.80 元

# 前　言

　　学校教育是个人一生中所受教育最重要的组成部分，个人在学校里接受计划性的指导，系统地学习文化知识、社会规范、道德准则和价值观念。学校教育从某种意义上讲，决定着个人社会化的水平和性质，是个体社会化的重要基地。知识经济时代要求社会尊师重教，学校教育越来越受重视，在社会中起到举足轻重的作用。

　　"四特教育系列丛书"以"特定对象、特别对待、特殊方法、特例分析"为宗旨，立足学校教育与管理，理论结合实践，集多位教育界专家、学者，以及一线校长、教师的教育成果与经验于一体，围绕困扰学校、领导、教师、学生的教育难题，集思广益，多方借鉴，力求全面彻底解决。

　　本辑为"四特教育系列丛书"之《教师全方位修炼》。

　　教师的职业是"传道受业解惑"，教师的职责是把教学当成自己的终身事业，用"爱"塔起教育的基石，用自己的学识及人格魅力，点燃学生的兴趣，促进学生的健康、快乐成长。

　　学生的专业知识水平很大程度上受教师知识水平的制约，如果教师在教学中对教材分析不透，对知识重点把握不准，要点讲解不清，那么学生就会产生一种模糊的感觉。因此，教师必须知识广博、语言丰富，学生才能学到真正的知识。本书从新世纪、新时代经济和社会发展的要求出发，将理论与实践相结合，对21世纪教师素质及其修养的一系列问题进行了比较全面、系统、深入的阐述。

　　本辑共20分册，具体内容如下：

　　1.《师魂》

　　教师被称为"人类灵魂的工程师"，担负着传授知识、传承文明、培养人才、提高民族素质的光荣任务。教师的最高境界就是需要"忙人之所闲，闲人之所忙"，从有到无，从无到有；从看教育是教育，到看教育不是教育，再到看教育还是教育；这就是对教育的最大贡献，让人的精神生活世界有生机、有活力、有智慧。

　　2.《以礼服人》

　　作为教师，我们要正确领会礼仪、礼貌、礼节、仪式和教师礼仪的概念，领会礼仪的地位和作用，掌握教师礼仪的原则、方法，坚持科学发展观，为构建社会主义和谐校园而奋斗。教师的一举手一投足，甚至一颦一笑，都蕴含着教育的力量。本书从教师的个人形象、教师的服饰、教师的语言、师生关系礼仪、教师与家长沟通礼仪、同事共处礼仪、集会礼仪和社会交往礼仪等方面，系统阐述了教师礼仪的一些基本常识。

3.《教师的一生修炼》

本书将重点探讨如下方面：职业规划——自我实现的教育生涯、如何设计职业生涯、职业发展规划行动、教师入职与离职规划、新教师角色适应规划、教师专业发展规划、校长成长规则、职场诊断与修炼、潜能开发以及享受学习化教育生活等。

4.《育人先做人》

教师是学生智慧的启蒙者及学生未来的引领者。教师的质量决定了教育的质量。教师的品质决定了教育的品质。教师人格的完善能够提升教育的水准。教育职业对教师人格提出了严格的要求：在教师自身的人格教育中不断提升自我、完善人格。人格教育是一生的工作，会伴随一个人的一生。

5.《教育语言随心用》

本书内容涵盖了教学语言艺术和教育语言艺术训练的方方面面。从宏观综论到微观剖析，从课堂艺术到辅导艺术，从艺术对话到精彩演讲，从个性张扬到群体发展，从全体教育到特殊教育，内容充实、观点鲜明，为教师准确使用教学语言和教育语言提供了可以借鉴的经验。

6.《师者无敌》

本书编写的基本理念是：就内容构架而言，以促进教师对自身职业的理解为基础，以增进教师职业人生的完善为基本目标，以启发、引导的方式来促进教师德性的自主形成；就编写形式而言，力求摆脱单一的理论说教，从当代教师职业生活实际出发，抓住主要问题，采取生动、灵活的语体形式，把精要的论述与典型的事例结合起来，注重该书的可读性。

7.《教师的信仰》

职业精神是教师不可缺失的最本质的东西。一位教师能不能成为好教师、名教师，关键是有没有职业道德，有没有职业精神。今天的教育，缺的不是理念，而是行为与操作；缺的不是水平，而是责任和精神。教育的希望，在于教师良心的回归、精神家园的重建。只要有了良好的精神状态，我们就有了战胜任何困难的勇气，就有了奋然前行的动力。

8.《看透学生的心理》

学生的心理困惑从何而来？概括来说就是一"高"一"低"：高，学生是个承载社会、家长高期望值的群体，自我成才欲望非常强烈；低，其心理发展尚未成熟，缺乏社会经验，适应能力较差。正是这二者之间的矛盾造成了学生的心理问题。本书期望引导教师与青少年共同克服这一难题，去打开人生的成功局面。

9.《卓越教师》

突出骨干教师的培训，既是加强中小学教师队伍建设的当务之急，又是提高教师质量的长远之计。本书在编写上提倡以培训学科带头人为目标，以现代教育思想、现代教育技术、特级教师的学术报告及当前教育改革的热点问题为研究内容，源于实践又高于实践，可用做骨干教师的培训教材，也可用于普通教师的自我阅读与提高，以期使教师在较短的时间内达到或接近特级教师的水准，成为学科带头人。

10.《与学生打成一片》

如何做最受学生欢迎的教师，是每位教师都要思考的问题，也是每位教师都希望达到的目标。学校的课程很多，语文、数学、英语、科学、音乐、美术、体育等，每门学科都有自身的特点，每个学生都有自己的喜好，我们能真正做到让每个学生都欢迎吗？本书将教会教师怎样靠自己的才能和高尚的品德赢得学生的喜欢和尊重，让每一位教师都能成为受学生欢迎的教师。

11.《培养教师爱岗敬业精神》

本书从教师的角度出发，阐述了教师爱岗敬业所带来的深刻变化，介绍了爱岗敬业的途径和方法，从勇于负责、乐于服从、热情专注、自动自发、团结协作、勤奋努力、敢于创新、节俭高效等方面，结合大量教育实例和人生哲理，向广大教师提出了爱岗敬业的崇高理念和修炼方法，期盼每一位教师都能从中受益。

12.《教师职业道德与素质培养》

当前，各级教育行政部门和社会各界都非常关注师德建设，师德教育已经被列为教师继续教育的重要内容之一。本书以专题研究为主线，以典型的案例及案例分析为依托，从教师工作、生活实际出发设置情境、提出问题，突出师德教育的操作性和实效性。本书适应了新世纪对教师职业道德建设的需求，也适用于在校师范生及申请教师资格者学习。

13.《教师怎样提升教学质量》

每位教师的心里都有一个美好的心愿，那就是使自己的教学质量得到最大限度的提高。众所周知，教学质量是一个学校的生命线，如何提高教学质量是每一位教师时刻都要思考的一个问题。优秀的教师，会善于用智慧慢慢凿开通向教育风景的出口。

14.《教师快乐工作指导》

教师工作细致而烦琐，教师不仅要组织好各种教育教学活动，还要保证学生的身心安全。在长期的忙碌下，教师容易产生麻木、倦怠、疲劳的职业状态。为使教师消除职业倦怠，学会快乐地生活，愉快地工作，需要多渠道支持帮助教师进入积极健康的工作和生活状态，从心理、物质和精神上给予帮助和支持，让教师感受到集体的关怀和温暖。

15.《教师工作减压指导》

中小学教师劳动强度很大，长此以往，很容易使教师患上疲劳综合征，导致未老先衰，不利于教育的可持续发展和教师队伍的稳定。中小学教师的过劳问题应当引起政府有关部门的高度重视，以人为本的科学发展观要落到实处。教师个人也要采取适当的方法给自己"减压"，以防被疲劳综合征缠身。

16.《教师文娱活动指南》

教师可以在课外时间参与一些文娱活动，使身心从工作中彻底解脱出来，得到真正的放松。

17.《教师心理健康指南》

随着竞争愈来愈激烈，教师的工作节奏日趋加快，工作压力增大。如果不注意休息和调节，中枢神经系统持续处于紧张状态，会引起心理应激反应，久而久之会产生各种身心疾病。本书力图从教师职业发展的实际需求出发，将理论与案例分析相结合，突出专业性、应用性、操作性、可读性，可为广大中小学教师培训、自学提供借鉴，也可为高校相关专业学生的学习、研究提供参考。

18.《教师怎样进行教学改革创新》

立足素质教育，探析课堂教学的变革，反思课堂教学实践，重新审视素质教育理论，在实践和理论的互动中，探讨我国教育的现实与未来。

19.《从历代名著中学习教育思想》

选取世界知名教育家在世界教育史上具有重大影响和学习价值的教育名著，每位教育家及其著作均有作者简介、成书背景、内容精要、名著选读等内容。本书结合这些教育名家的成长经历，阐述了不同名著的理论内容和实践特色，批判地继承了中外历史上进步的教育思想，对于提高教师的教育理论素养、教学水平和创新能力具有一定的借鉴意义。

20.《向教育名家学习教育智慧》

着重介绍当代教育家的教育思想。中国是一个教育大国，理应对全人类的教育做出自己的贡献。在两千多年的历史文明进程中，中国也确实不断为世界教育的进步贡献了自己的教育思想、教育制度和教育智慧。中华人民共和国成立以来，尤其是改革开放以来，中国教育发生了深刻变化，取得了巨大成就，同时也不断涌现出新的教育思想、新的改革成就和新时代的教育家。我国一大批教育专家学者上下求索、大胆实践，为教育发展出谋划策，为教育改革殚精竭虑。他们的学术思想和教育实践直接推动了我国的教育改革与发展，并将对今后的教育实践与研究产生深刻影响。

由于时间、经验的关系，本书在编写等方面，难免存在不足和疏漏之处，衷心希望各界读者、一线教师及教育界人士批评指正。

编者

# 目　录

第一章

提高素质，快乐工作

# 1. 快乐工作是为了高品质的生活

什么是快乐？怎样才能快乐地工作？快乐是人性或者是人的需要得到满足的一种状态。让自己的工作变快乐只有一种办法，就是挖掘内心的快乐源泉，选择能让自己快乐的工作。这种选择来自你内心深处对工作的看法和观念，即你对待工作的态度。态度可以是你的无价财富，也可以是你成长的最大障碍，这一切在于你如何把握、如何选择。一个清楚自己想要什么的人，比什么都想要的人更容易快乐。

愉快的心情来自精神的快乐，而精神性是人的最高属性，精神的快乐是人所能获得的最高快乐。在一般情况下，人们似乎在工作之外能找到更多的快乐，多数人在下班之后、双休日、节假日是一天、一周、一年中的快乐时光。

获得精神快乐的途径有两类：一类是接受的，如阅读、欣赏艺术品等；另一类是给予的，就是工作。正是在工作中，人的心智能力得到了积极实现，人才感受到了生命的最高意义。如同纪伯伦所说：工作是看得见的爱，通过工作来爱生命，你就领悟了生命的最深刻秘密。

当然，这里所说的工作不同于仅仅作为职业的工作，人们通常把它称作"创造"或"自我实现"。但是，就人性而言，这个意义上的工作原是属于一切人的。人人都有天赋的心智能力，区别在于是否得到了充分运用和发展。现在我们明白快乐工作与不快乐工作的界限在哪里了：仅仅作为谋生手段的工作是不快乐的，作为人的心智能力和生命价值的实现的工作是快乐的。

也就是说，一个人首先必须具备快乐工作的愿望和能力，然后才谈得上快乐工作。毫无疑问，在现实生活中，我们都还必须为谋生而工作。最理想的情况是谋生与自我实现达成一致，做自己真正喜欢做的事情，同时又能为自己的生活提供物质保障。事实上，一个人只要有自己真正的志趣，最终是有许多机会实现这个目标的。

# 2. 提高素质是快乐工作的保证

素质对于每一个人来说都十分必要和重要，素质内涵很深，同时也很广。要想"工作并快乐"，在综合素质方面，一是具备良好的政治思想素质，熟悉党和国家的路线、方针、政策；二是具备良好的爱岗敬业精神，热爱神圣而平凡的事业；三是具备良好的精神状态和高昂的工作热情，时刻牢记所肩负的职责与责任；四是具备良好的"执法为民、服务社会"的理念，主动作为，自觉践行"三个服务"；五是具备遵守各项纪律与制度的自觉性；六是具备良好的业务知识和现场工作技能，熟练地处理现场工作中遇到的一切问题。任何教师，只要具备了以上素质，压力一定会变为动力，也能把工作做好，工作中一定会更加快乐。

一个人，当把工作当成一种乐趣时，生活则是一种享受，他是快乐的；当把工作当成一种义务时，生活则是一种苦役，他是不可能快乐的。

寻找快乐的人生，才是健康的；坚持勤奋的工作，才是明朗的。

# 3. 职业素质是快乐工作的基础

职业素质是劳动者对社会职业了解与适应能力的一种综合体现，其主要表现在职业兴趣、职业能力、职业个性及职业情况等方面。影响和制约职业素质的因素很多，主要包括受教育程度、实践经验、社会环境、工作经历及自身的一些基本情况（如身体状况等）。一般说来，劳动者顺利就业并取得成就，在很大程度上取决于本人的职业素质，职业素质越高的人，获得成功的机会就越多。

职业素质是劳动者走向就业的基本条件，但是如何才能了解自己的职业素质呢？了解自己职业素质的办法很多，归纳起来主要有以下三种。

**接受职业指导**

职业指导是就业服务机构针对劳动者求职、单位招聘过程中的问题，为劳动者、用人单位提供心理分析、择业技巧、心态调整、技能测试、供求趋势分析、职业设计、用人计划等帮助的行为。

职业指导的服务对象：一是劳动者（包括符合劳动年龄内的求职者、各类学校学生）；二是用人单位。

职业指导的内容主要：劳动力市场供需分析指导，劳动就业法律法规、政策指导，求职者素质，职业能力测评，求职者职业设计，求职技巧指导及单位用人指导等。

职业指导的方式："一对一"咨询面谈、成功求职策略培训、跟踪指导、座谈会等。

**职业素质测试**

部分职业介绍服务机构开设了"职业素质测试"服务，求职者可在那里获得相关服务。

**自测**

劳动者可以通过填答"职业素质"自测问卷的方式，判断了解自己的职业素质状况。

# 4. 全面提高自我职业素质的方法

职业素质是从事某种职业应具备的基本素质，包含职业兴趣、职业个性、职业技能和职业情绪几大要素，其中职业情绪就是职业情商。职业情商是从事某种职业应具备的情绪表现，职业情商直接决定和影响着其他职业素质的发展，进而影响整个职业生涯发展。因此，职业情商是最重要的职业素质之一，提高职业情商是个人职业发展的关键。

身在职场，无论从事哪种职业，身居何种职位，"智商决定是否录用，情商决定是否升迁"已成为决定职业发展的重要信条。许多学校在招聘教师时，也越来越重视考察应聘人员的情商素质，通过心理测试或情商测验等手段来测试应聘者的情商素质。一个人的知识、经验和技能等智力因素固然重要，但是进入一个单位之后，影响和决定一个人职业发展的关键因素却是情商素质，一个人事业的成功，通常认为20%取决于智商因素，80%取决于情商因素。

什么是情商和职业情商？情商就是一个人掌控自己和他人情绪的能力。从情商的一般内涵来看，情商包含五个方面的情绪能力：

（1）了解自己情绪的能力；

（2）控制自己情绪的能力；

（3）自我激励的能力；

（4）了解他人情绪的能力；

（5）维系良好人际关系的能力。

职业情商就是以上五个方面在职场和工作中的具体表现，职业情商更加侧重对自己和他人工作情绪的了解和把握，以及如何处理好职场中的人际关系，是职业化的情绪能力的表现。

如何提升自己的职业情商呢？提升职业情商，必须在以下四个方面不断修炼自己。

**心态修炼**

了解自己在工作中的情绪是为了控制自己的情绪，以保持良好的工作心态。职业情商对职业情绪的要求就是保持积极的工作心态。积极的工作心态表现在以下几个方面。

（1）工作状态要积极。每天精神饱满地来上班，与同事见面主动打招呼并且展现出愉快的心情。

（2）工作表现要积极。积极就意味着主动，称职的教师应该在工作表现上做到以下“五个主动”：

①主动发现问题；

②主动思考问题；

③主动解决问题；

④主动承担责任；

⑤主动承担分外之事。

（3）工作态度要积极。积极的工作态度就意味面对工作中遇到的问题，积极想办法解决问题，而不是找借口逃避问题。

（4）工作信念要积极。对工作要有强烈的自信心，相信自己的能力和价值，肯定自己。只有抱着积极的信念工作的人，才会充分挖掘自己的潜能，为自己赢得更多的发展机遇。

### 思维方式修炼

工作中要学会掌控消极的情绪。掌控情绪就是掌握情绪和控制情绪两个层次的含义，而不是单纯的自我控制。因为控制情绪说起来容易，往往做起来很难，甚至遇到对自己情绪反应激烈的问题时，很容易控制不住自己的情绪。要掌控自己的情绪，必须要从改变思维方式入手，改变对事物的看法，以积极的思维方式看待问题，使消极的情绪自动转化为积极的情绪，从而达到控制自己情绪的目的。

在工作方式上要培养积极的思维方式。积极的思维方式就是以开放的心态去处理工作中的人际关系和事情，包括多向思维、反向思维、横向思维、超前思维等。了解他人的情绪需要反向思维，即逆向思维，逆向思维的情商表现就是换位思考，站在对方的角度看问题，理解对方的内心感受。

处理与上级、同事、下级的关系都需要换位思考。比如，自己辛辛苦苦完成的一项工作，本想得到上级的肯定和表扬，不料因为自己的忽视而使工作出现差错遭到上级的否定和批评，心里就感觉很委屈，满腹牢骚。但是如果站在上级的角度思考，作为上级要的就是下级工作的成果，自己的辛苦没有得到肯定也就没有什么好抱怨的。处理同事关系同样需要换位思考，在别人看来，无论多么不可理解的事情，都有他自己的内心起因和动机，要善于站在对方的角度了解他人的想法，才会建立良好的人际关系。

### 习惯修炼

通过心态、思维方式、行为的修炼培养出良好的职业习惯，是提升职业情商和实现职业突破发展的唯一途径。要想成功，就必须有成功者的习惯。改变不良习惯的关键是突破自己的舒适区。一个人形成的习惯就是他的舒适区，要改变不良的习惯就要突破自己的舒适区，要有意识地改变自己，努力寻找改变自己的方法，培养出积极的职业化习惯。具体而言，培养积极的职业习惯，必须突破以下心理舒适区。

（1）突破情绪舒适区。喜怒哀乐是人的情绪对外部刺激的本能反应，但是如果对消极的情绪不加以控制，随意发泄情绪的行为会让周围的人对自己产生抗拒感。职场中应该避免的几种消极情绪是：抱怨和牢骚、不满和愤怒、怨恨或仇恨、嫉妒、恐惧失败、居功傲视等，这些都是影响个人职业发展的致命伤害。

调节自己情绪的方式方法有很多，其中最重要的是，要给自己强化一个意识：在工作场合我的情绪不完全属于我，我必须要控制自己的情绪。

（2）突破沟通舒适区。人的性格决定了他与人沟通的方式各不相同：有的人说话快言快语；有的人却该表态的时候沉默寡言；有的人说话爱抢风头，经常不自觉打断别人的谈话；有的人习惯被动等待上级的工作指示；有的人喜欢遇到问题主动请示和沟通。每个人都习惯以自己的方式与别人沟通。

要实现良好沟通，就必须有意识地改变自己平时的沟通方式，学会积极倾听对方。良好的工作沟通不一定是说服对方，而是真正理解对方的想法。即使是争辩，也必须是对事不对人的良性争论，不能进行人身攻击和恶语相向，这是职场人际沟通中最应该避免的现象。

（3）突破交往舒适区。虽然人们都习惯和自己脾气相投的人交往，但是人在职场，必须要和所有组织内的人及外部的客户打交道，就要学会适应不同性格的人。突破交往舒适区，就是要有意识和不同性格的人打交道，如要主动与自己性格不同的人聊天。这看起来是一个很简单的事情，其实职场中大部分人都难以做到。一旦你去尝试和自己性格不同的人相处，就是一种突破交往舒适区的表现。

**行为修炼**

良好的工作心态和思维方式都要体现在工作行为上。同时，对于自己的工作行为，必须要把握以下两条基本的行动准则。

（1）工作行为要以目标为导向。一是要了解学校的目标。二是要制定明确清晰的个人目标，并且使学校目标和个人目标相结合，才可以形成职业发展的合力，相互推进。通过配合完成学校目标而实现个人目标，通过达成个人目标而推进学校事业的发展，这是在职场实现个人职业发展的捷径。

在有些情况下，个人的长期目标并不一定与眼下服务的学校目标相一致，但是既然在这个单位工作，就要把一切经历变为有助于个人职业发展的财富，使个人阶段目标服从工作目标。

（2）工作行为要以结果为导向。以结果为导向就是要站在实现结果的角度去思考问题，站在完成成果的角度去衡量自己的工作。以结果为导向既是一种思维方法，又是一种行为习惯。以结果为导向就是要追求积极的结果，积极想办法去实现。当面对一项工作时，如果你还没有做就先认为自己"办不成"，这种思维会妨碍自己能力的发挥，那么你就有可能真的办不成。

# 5. 如何摆脱思维定式

思考同类或相似问题的惯性轨道在思维科学上叫作"思维定式"。所谓思维定式，就是过去的思维影响当前思维。

思维定式对人们思考问题有很多好处。它能使思考者省去许多摸索、试探的思考步骤，不走或少走弯路，极大地缩短思考的时间，提高思考的效率；还能使思考者在思考过程中感到驾轻就熟、轻松愉快。但思维定式不利于创新思考。

进行创新思考，是摆脱思维定式的根本途径。无论是思考如何解决新碰到的问题，还是思考如何对老一套的问题按某种新的方式解决，都需要有新的思考程序和新的思考步骤。而由于思考以往的同类问题所形成的思维定式必然会对创新思考产生一种妨碍作用、束缚作用，因而使人很难跳出思维定式的无形框框，难以进行新的尝试。

作为一种突破定式的创新思考方法，创新思考是指在思考有待创新的问题时，要有意识地抛开头脑中以往思考类似问题所形成的思维程序和模式，要警惕和排除它对寻求新的设想所可能产生的束缚作用。

这种思维的惯例、常规、传统反映在人们的头脑中，便形成一种心理定式、思维定式。时间越长，这种定式对人们的创新思维的束缚力就越强，要摆脱它的束缚也就越困难，越需要做出更大的努力。许多人是思想上的巨人，却是行动上的落后者。再好的想法如果不去尝试，也毫无价值。这时，创造性思维的优势就显而易见了。

# 6. 怎样发挥自己的潜在能力

　　任何成功者都不是天生的，成功的一个最根本的原因就是成功者能够尽可能多地开发他自身的潜能，将一个又一个"不可能"踩在脚下。

　　一位优秀的教师所必备的特质，就是能够在自己身上发掘出一种自觉的、发自内心的精神力量，即充分挖掘自己的潜能，创造性地完成自己的工作。

　　每位教师都不是被动的。人们会为发挥潜力而主动满足自己的需求。他们并不是天生就厌恶工作，只会因工作而成熟，更独立自主，能力得到更好的发挥，身心得到更好的满足。

　　教师为了达到自己心目中的目标，按自我价值判断而工作，能自己支配自己，可以主动地把自己的目标与组织的目标统一起来，做到两全其美。

　　虽然大多数人都具有相当程度的想象力、智力和创造力，但在实际工作中，一般人的潜力往往没有得到充分发挥。

　　为教师创造和提供机会，提升教师的成功感、自豪感，使教师在满足个人需要的同时，更好地完成所负责的工作；而不注重发挥教师身上的自觉因素，单纯靠增加报酬、发放奖金等物质刺激往往会事与愿违。

　　如果说潜能人人具备，但却不一定人人都能发挥得潇洒自如。潜能重在有人去发现，更需要合适的环境去发掘、培养，也在于恰到好处、别出心裁的表现。

　　人与人之间其实只存在着一种很小的差异：心态的积极与

消极。但就是这种极小的差异往往造就了人与人之间的天壤之别：有的人成功幸福，有的人失败不幸。

人生要经受贫困、失意、挫折、消沉等各种磨难。只要你抱着积极的心态去开发你的潜能，你就会有用不完的能量，自身的能力就会越来越强。

每一个成功的榜样教师就是善于在看似"不可能"战胜的困难面前，奋起抗争，将压力变为动力，使潜能得到释放，最终成为一位榜样教师。

正如培根所言："超越自然的奇迹，总是在对逆境的征服中出现的。"

# 7. 激发自己创造力的方法是什么

你是有创造意识的人吗？或许你跟大多数人一样，认为自己没有。我们从小就听人说，创造力是罕见的、神秘的，只有艺术家才有。其实创造力每个人都有。

为了激发出创造力，必须掌握一些策略。

### 捕捉灵感

灵感稍纵即逝，如果不能很快抓住，可能会瞬间消失。那些懂得发掘创造力的人，都已学会如何捕捉和储存灵感。他们拥有"捕捉"灵感的技能。

闭上眼睛，让思维自由发散。身体放松，让思想自由驰骋。

每个人都有自己的灵感源，在特定的时间和情况下，捕捉灵感是比较容易的事情。

### 置身挑战

激发创造力的方法之一就是面对困难时，勇于挑战自我，只要处理得当，置身挑战可以成为创造力的源泉。

一般来说，在应对挑战时，我们往往会尝试各种解决问题的新办法，这对创造力的培养非常重要，在这一过程中可以提高创造能力。

### 拓宽眼界

知识越渊博，潜在的创造力就越丰富。

无数的进步是源于创造者在不同的领域都拥有丰富的经验。所以，应该强化自己的创造力，探索未知的领域。

只有不断提高创造力，才能更好地解决日常工作和生活中的问题，使新想法不断，新成就层出不穷。

创造才能除和发散思维密切相关外，和人的个性心理特征也是密不可分的。具有丰富创造力的人总是有些"不可思议"的特殊行为表现，他们通常在独立性、富于幻想、坚持性、自制力和耐挫折的能力等方面特别强，并且具有强烈的好奇心，能够主动找到激发自身创造力的有效方法。

# 8.如何发掘自身的远见卓识

有些人往往比较重视学习理论知识，忽视提高自己的见识，这不利于个人获得成长。

**什么是"见识"**

见识，是一个人知识与智力的统一体现，是指人对客观世界的一种综合的认识能力，是综合地运用各种基本知识和基本能力，去把握事物发展方向，掌握未来的能力。见识，既是一种判断能力，又是一种预测能力，没有与众不同的见解和判断力，就不可能高瞻远瞩，洞察底蕴。大凡事业上有成就者，他们不仅仅善于将自己所学到的知识和所掌握的能力运用于本学科知识所面向的实际，而且还具备将所学知识与实际相结合的智慧，而这种智慧就是指见识能力。见识包括政治生活领域的见识和业务领域内的见识。政治生活领域的见识，指的是能够看清并顺应时代前进的方向；业务领域的见识是指能够看得准专业领域里具有关键意义的攻关课题。有些人不是不具备成才的学问，而是缺乏见识。看不准方向就会迷途，抓不住关键性问题就难有实质性突破，没有辨别能力就不可能有创新。

**见识能力的重要性**

见识能力在成就事业中的作用，具体来说有以下几点。

首先，能够确定和指明方向。众所周知，凡能在事业上有所成就者，无不始于志。而志靠识来确定。一个有见识能力的人，能够预见到未来的情形，这就为人的活动指明了方向。

其次，有助于选择关键性课题。一个人能否成功成才，与其能否抓住某个领域的关键性问题去研究和解决关系极大。成功者的见识能力使他们站得高、看得远，善于在千头万绪中选择最有前途、最有价值的课题。而提出新的问题、新的可能性，从新的角度去看旧的问题，却需要有创造性的想象，这也标志着科学技术的真正进步。

最后，见识有助于做出人生事业或道路上的正确判断和选择。人生道路上往往有许多重要的关口，选择不当就会有不同的命运，这就需要有见识，需要做出正确的判断。

怎样培养见识能力

首先，要刻苦读书，不断学习。见识一般有两个来源：一是来自书本；二是来自实践。不读书，头脑里没有丰富的知识储备，思考和认识问题的深度和广度就会受到限制。只有人的知识和智慧增长了，才有益于见识的培养和提高。

其次，要养成勤于思考的习惯。恩格斯说过："不经过思考，人们连两个最简单的事实也联系不起来。"读书、思考与见识的关系十分密切。"学而不思则罔，思而不学则殆"，只有掌握了尽可能多的知识，才能活跃思维，为思考提供更多的原料，也才有新见解、新思想、新办法的产生。读书、学习如果不思考，就不能有所发现，有所创造。所以要培养见识能力，正确的方法就是把学习与思考结合起来。只有通过多思考、多研究、多琢磨才能看问题更全面、更准确，才能更好地解决和处理问题。

　　最后，要重视对亲身所经历的事情进行总结与反思。要培养见识能力，仅靠书本知识是不够的，还要有亲身实践的经验。见识能力的提高与培养离不开实践，所以要不断尝试、探索、实践，提高实践认知水平。实践证明，无论从哪方面学习都不如从实践中学习得来的更多更好。

# 9. 怎样发挥自己的最大能量

我们在做一件事情时，是否有足够的决心，可以使事情的结果完全不同。许多事是应该用勇气和决心去完成的。一般人，遇到问题的时候，时常并不是对问题的本身不能理解，而是往往被枝节的问题困扰，太容易被周围人的话动摇决心，太容易瞻前顾后，患得患失，以至于给外来的力量一种可以左右我们的机会，这是我们成功途中的一大障碍。

要想扫除这种障碍，首先要培养自己对事理的判断能力，但最重要的还是要在做出判断之后，能够坚定、勇敢、自信地把对事理的判断付诸实践。

对一个坚决迈向自己目标的人，别人一定会为他让路。而对一个踟蹰不前，走走停停的人，别人一定会抢到他前面去，决不会轻易让路给他。

我们不能等到作决定时再去询问人的建议，而应该事先多采纳别人的意见来为作决定提供准备，在决定了之后，一定要相信自己，而不能自暴自弃，要充分发挥出自己的最大能量。

## 10. 提升自身职业竞争力的方法

工作如同爬山，当你登上了一个高峰之后，前面还有另一个高峰在等着你攀登。如果你就此停住攀登的脚步，那么脚下的这个高峰就是你事业的终点；如果你不畏艰难险阻，继续攀登下一个高峰，那么脚下的这个高峰就是你开辟崭新事业的起点。

当每一次任务结束的时候，我们都能心安理得地为之画上一个圆满的句号，同时把这个句号当成下一次任务开始的起点，然后从零开始为下一次任务的圆满完成继续努力。这是一种境界，是善于成长的卓越教师力争达到的一种境界，达到这种境界需要不断突破自我的勇气，同时还需要锐意进取的敬业精神，当然还需要不畏艰难的执行品质。唯有达到这一境界才能不断提升自身的职业竞争力，使自己在激烈的职场竞争中总是居于不败之地。

不断提升自身的职业竞争力，首先需要的是一种结束过去、从头开始的勇气。如果没有这种勇气，那么就没有其他一切获得成功的因素，这些因素主要包括前进的动力、必胜的信念、脚踏实地的品质和坚定的意志。这种勇气是一切成功要素的根本，缺少了这一根本要素，成功只会遥遥无期。

但是提升自身的职业竞争力不是每个人都能轻易做到的，但凡是做到这一点的人都能够不断取得事业的成功，不断继续开辟成长的道路，不断进步。因为学校的发展，需要的是不断积极进取的进步型人才，所以只有不断提升自己的职业竞争力，才能不断获得职业发展。

# 11. 在工作中不断创新

优秀的教师善于尝试和冒险，不断激发自身创新的热情和积极性。因为，创新意味着从无到有，充满着风险和不确定性，又蕴含着机遇和挑战。

思想无创意不得不说是一个遗憾。领导一般欣赏"有想法的人"，如果领导说什么你做什么，对领导的意图没有任何创造精神，在工作上没有任何主动精神，那么久而久之你是不会得到领导重用的，因此需要创造性地完成领导交办的各项任务。

创新意识意味着一种永不满足的追求，教师的创新意识是同他极其强烈的成就欲望和事业心密切相连的，这就是一种永不满足的追求。但是，并不是每个人都可以成功地发挥自己的创造力，从而取得别人所不可能取得的成绩。人们不能发挥创造力的原因多种多样，有的是因为心中存在某种局限性观念，有的是存在某种障碍，也有的是因为没有处理好与创新的各种关系。所以，教师要提高和发挥自己的创造力和创新思维，必须突破许多思维障碍，敢于打破一切常规，迈出创新步伐。

要想真正发挥创新潜能，除了要有敢于尝试与创新的勇气，还必须精心地培育自身的创造力和创新能力。

### 经常表达出自己的想法

如果你有了想法应该积极表达出来。如果是独自一人，可以对自己表达一番；如果你身处群体之中，不妨与其他人共同进行探讨。把自己的想法准确地表达出来，在表达过程中寻找创新点。

### 及时记录自己的想法

人们在工作、生活、交际和思考过程中，常会出现许多想法，而其中的大部分都会因为不合时宜而被人们搁置直至彻底放弃。其实，在创新领域中，从来就不存在"坏主意"这个词汇。三年前你的某个想法也许不合时宜，而三年后却可以成为一个真正的好主意。更何况，那些看来是怪诞的、远非成熟的想法，也许更能激发你的创新意识。如果你能及时地将自己的想法记录下来，那么，当你需要新主意时，就可以从回顾旧主意着手。而这样做，并不仅仅是为了给旧主意以新机会，更是一种重新思考、重新整理的过程，在这个过程中，可以轻易地捕捉到新的创新性的思想。

### 自己提问自己

如果不问自己许多"为什么"，你就不会产生创新性的见解。为了避免常犯的错误，成功者总是透过所有的表面现象去寻找真正的问题。他们不把任何事情看作是理所当然的结果，也不会把任何事情看作是水到渠成的过程。那些不明确的，看来似乎是一时冲动之下提出来的问题，往往包含着更多的创新性思维的火花。

### 努力去实施创新性的想法

有了创新性的想法，如果不去努力实施，再好的想法也会离你而去。想努力去做，却又因为短期内收不到成效而不能持之以恒，势必会与成功失之交臂。只有坚持努力，持之以恒，才会如愿以偿。

### 换一种新的方法来思考

墨守成规不可能产生创新力，也无法使人摆脱困境。有人喜欢用比较分析法来思考问题。当面临抉择时，他总是坐下来将正反两方面的理由写在纸上进行分析比较；也有人习惯于用形象思维法，把无法解决的问题画成图或列成简表。能不能换一种方法去思考，或交替使用各种不同的思考策略呢？试试看，也许，最困难的抉择就会迎刃而解。

### 永远充满着创新的渴望

满足于现状，就不会渴望创造。没有乐观的期待，或者因为眼前的愿望无法实现而不去追求，都会妨碍创造力的发挥。只有心中充满改变现状的愿望，才能不断地去创新。

# 12. 用创意激活单调的工作

创意可以使每个人"救活"自己的异常思维和才智，从而激活自己全身的能量。在日常生活中，每个人都是投石问路者，或难或易、或明或暗、或悲或喜，仿佛不停地挣扎在一个个"陷阱"之中，因此用有效的创意点击人生火花，成为突击生存的梦想和手段。谁要抓住创意，谁就会成为赢家；谁要拒绝创意，谁就会平庸。这就是说，一个有效的创意绝对闪亮人生。

生活需要信仰，就像菜需要盐一样。

在众多信仰当中，创意是最独特的，也是最有效的。这种生活信仰能帮助你找到一份理想的工作——工作通常被认为是人生的起点。

人生由许多盲点构成，盲点是可怕的人生误区。人生第一次盲点是"工作误区"，因为工作是每个人获取生存的方式。世界上有多少人在为争取工作而绞尽脑汁，辛勤劳作。这就是说，人生最重要的创意是克服工作盲点，解决工作误区。

职业的多样性给每个求职创意的人提供了可能。只有一种职业适合于自己的观点，肯定是错误，因为它本来就缺少创意，仅仅是一种不愿努力改变自身被动状态的懒惰心理而已。现代人试图改变人生的方法就是把智慧用在工作的创意中，力戒一种工作适合于己的观点。用不同的工作挑战自我，就是最大的创意。

只有学会创意，你的职业人生才会多姿多彩。

# 13.用快乐调动工作积极性

如果说"失败乃成功之母",那么快乐就是成功之父。能让教师快乐地工作,在工作中享受愉悦和满足,从快乐中迸发热情和灵感,获得不断努力投入工作的力量源泉,而学校的目标也自然水到渠成,这就是"共赢机制"。成功源自"快乐哲学",快乐使教师与学校都能充满活力、激情四射。

**选对人,快乐之始**

天生我才必有用,谁都可以是人才,谁都可以在不同的领域内获得培养和提升,关键是找对工作,把自己放在对的位置。如果都能够得到肯定的答案,那就是快乐工作的开始。

撇开个人的喜好,撇开"优秀人才"片面的固定模式,真正摸索到每个岗位的基本胜任要求,找到与之匹配的教师,教师就能在自己的岗位上实现自我,找到工作的成就。

**用好人,快乐之道**

首先,自由思想。鼓励教师在工作中畅所欲言,消解领导者对工作模式的固定欲望,不灌输太多个人想法。工作的目标只有一个,完成目标的方法却有很多种,领导层不给出单一的答案,就是为了挖掘教师心中的答案。虽然领导不作决定比作决定更难操控,但为了教师未来的发展,应该把更多的空间留给教师。

其次,允许犯错。教师需要承担的任务、经历的挫折会有很多,而学校不断给予的机会不仅是鼓励教师创新的保证,也是教师在实战中累积经验，快速提升自我的平台。学校要发展，必然需要乐于挑战和突破的教师，学校更看重的是教师付诸行动的勇气和在尝试中不断沉淀的经验。

最后，完善规则。学校的发展需要有一条核心轨道，教师可以做自己想做的事但不可以偏离轨道。制度是教师"有为"的约束，是确保教师不偏离学校轨道的保障，完善的制度可以降低学校发展的风险，使教师有更大的发挥空间。所以，制度不仅是反映学校管理思想的核心，同时也是衡量学校控制风险的标准。

# 14.努力培养快乐工作的能力

培养快乐工作的能力，首先必须具备快乐工作的愿望，有了这种美好愿望，工作就不会变成苦役，而会变成一种自得其乐的创造。

### 把工作看成是创造力的表现

现实中的每一项工作都可以成为一种具有高度创造性的活动。一位教师上一节好的课，不逊色于编排一出精彩的戏剧、一个运动员完美无缺的动作，从而获得精神享受。

### 把工作看成是自我满足

为了自我满足而从事的职业是一种乐趣。如果这是强制的，就未必是愉快的。一位产科大夫似乎心情特别愉快，因他刚刚接生了第100名婴儿；一名足球运动员也因他刚踢进第10个球而欣喜若狂，现在，他又为自己能踢进第11个球而兴高采烈地开始了新的训练。

### 把工作看成艺术创作

假如每个人都把自己的工作当成艺术创作，把自己单调、枯燥的打字看成是在钢琴前创作新的圆舞曲，把自己在厨房炒菜，看作是油画创作，油、盐、酱、醋就是你的颜料，炒出的新花样就是你创作的新作品。

　　学会从工作中获得乐趣，即在苦中亦能寻乐，那将是你人生成功的又一秘诀。心中充满快乐时，自然感到身边的工作也有趣；终日自怨自艾，只是无益地自寻苦恼。

# *15.* 什么时候该进行学习

### 当需要更新知识结构时

职业生涯本身就是一个不断深造、不断积累、不断提升的过程，如果不学习，不接受新事物，不用最新出现的知识、技术武装自己，当新的技术普遍运用时，你就有可能面临被淘汰的风险。而职场上的任何一个人，要想在充满竞争的行业中求得发展，求得生存，就必须主动更新自己的知识结构，掌握最新的技能、技术，为自己职业的发展补充新鲜血液。

### 当职业发展缓慢时

理性的职场人，都会对自己的职业发展前景进行仔细、认真的规划。因此，对这些人来说，他们很清楚自己所走的每一步。当他们看到自己在职业发展的过程中，处在一种稳定、徘徊、取得的进步很小时，他们会提前为自己打算。选择的方式往往是不断学习新知识，以便使自己职业选择的道路更宽。同时，在面临职场选择时，也应该通过学习，找到适合自己的职业岗位，走出职场困惑期。

# *16.* 将自己变为学习型教师

**找准定位**

保持敏感，时刻关注自己所处的行业对人员技能和需求的改变，这能够决定学习的方向。认真分析所从事的行业对所需人才有什么样的标准和要求，诸如学历、工作经验、专业背景等。与之相比，分析出自己有哪些长处和劣势。想要得到发展，就要随时按市场的要求调整自己的目标和学习方向，才能在众多人才中脱颖而出。

**创造学习环境**

虽然学习都选择在业余时间进行，但难保不会出现与工作相冲突的时候。要想顺利地学习而无后顾之忧，做好领导和自己家人的工作也很重要。找机会与领导谈一谈，保证自己会在不耽误工作的情况下学习。一般情况下，只要有过充分的沟通，领导是不会多加为难的。

**学习的方式**

不同人群在选择学习方式时也应视自身情况而定。

如果平时工作量很大，有时还要占用业余时间完成工作，那最好选择利用周末和一段相对集中的时间参加学习。

如果工作时间较为稳定，业余时间充裕，建议选择下班后的时间和周末选报进修班。在不影响工作的同时，也不会因学习而造成更大的压力。

# 17. 谨防掉进"充电"的误区

在今天的职场上，时时"充电"，日日进步，才能让自己保持竞争力。只是，对每个职场人来说，每个人的发展目标不同，所处的职业生涯发展阶段不同，如何"充电"还得细细思量，一不小心，就会掉进"充电"的误区，好事反成了坏事。

所以，教师在"充电"时要注意以下事项。

**"多一个证书没坏处"**

"多一个证书没坏处"的"充电"对个人来说不仅是金钱和时间上的损失，更关键的是很容易把自己的职业观念引入歧路。首先，有一大堆不成体系的证书之后，就会觉得自己已经是个"通才"了，什么都能干，但到底自己最擅长什么，干哪一行最好呢？自己会很迷茫。更进一步来说，如果因为自己拿了某个行业的证书就去从事某一方面的工作，而不管它是否真的适合自己，那就是自己职业生涯中最大的损失。其次，在求职的时候，用人单位看到你的一大堆证书也会很迷茫。用人单位据此可能会认为你缺乏明确的职业发展目标，没有选择能力，反而对求职不利。

**在错误的时间点进行不恰当的"充电"**

"充电"的方向是对的，可是却在一个错误的时间点进行，结果同样是事倍功半。

比如，你想朝管理方面发展，"进补"学校管理知识的大方向是对的，关键是选择的"充电"计划在时间上得恰当。

　　另外，合适的"充电"选在不合适的时机也是一个误区，这不仅增加了投资成本，还浪费了时间。所以，在不同的阶段，根据自己职业发展的状况、专业水平、工作能力及今后一段时间职业发展的目标来选择恰当的培训方式，这才是最佳的选择。

# *18.* 提高自己的工作能力和技巧

　　怎样使自己成为一个能担负重任的教师，这就要求我们尽可能地钻研业务，使自己变得学识渊博，不断提高自己的工作能力和技巧。所以，一定要有一个钻研计划，要尽可能多地钻研与自己的工作有关的事情。假设你想当一名领导者，你可以读一些有关管理方面的书，也可以参加一个管理培训班。一旦你有了一个计划，并让自己朝着计划的目标不断钻研，你会惊奇地发现，自己能多么迅速地完成升职所需要做的所有事情。

　　在工作中，事无大小，每做一事总要竭尽心力求其完美，这是迈向成功的一种表现。凡是有所作为的人，都是那些做事不肯安于"尚可"或"近似"而必求尽善尽美的人。

　　把自己的工作做到尽善尽美的精神，是一切成功者的特征。伟大、成功的人们之所以成功、之所以伟大，就在于他们勤于钻研，做事认真。

# 19. 向不同行业的人学习

人生在世,肯定要与形形色色的人打交道。在此交际过程中,人们不但可以打发时间、建立联络、寻找合作伙伴,还可以从对方身上学到不少东西。

当然,向不同行业的人学习,并不仅限于了解一些材料,你还可以了解到其他行业的基本知识、行情乃至操作方法等。而获得这些信息的过程,可以是询问,可以是讨教,也可以是争辩等。

其中,询问是一个好办法。询问能把对方提升到"专家"的位置。大多数人都好为人师,对于别人的发问,一般都是持欢迎态度的,他们乐于把自己知道的内容告诉别人,从而获得自我成就感。

与许许多多不同行业的人交往,并从他们那里获得不同行业的重要知识,这样,你就可以成为一个对社会有深入了解而且博学的人。这对你的人生是大有裨益的。

## 20. 使教学水平精益求精

无论从事什么行业，只要想在该行业中站稳脚跟，做出一番成就，就必须具备高超的专业技能，而且还要以精益求精的态度不断提高自己的专业技能水平。教学水平对于教师在这个行业中的成长具有关键作用，任何人都不可能脱离教学水平之本而空谈成长，所以，教师一定要使自己的教学水平精益求精。

专业技能水平的高低决定了实际工作中创造价值的大小，也决定了日后的成长发展的好坏。如果你对工作持以敷衍了事的态度，不愿意潜心提高自己的专业水平，那么你就很难在工作中实现成长，获得成功。

如果你几经考虑选择了某一行业，就不要轻易改变自己的选择，一旦你做出了选择就要对它付出最高程度的热情，并为你的选择付出百分之百的努力，并使自己的专业技能日益精湛。只有这样，才能不断激发你的奋斗精神，你才可以全力以赴地投入工作中，也只有如此，你才能在工作中获得成就感与满足感，才能不断提升自己的潜能，才能使自己的成长道路更加顺利。

# *21.* 不断拓展知识空间

知识拓展影响发展空间，没有丰富知识积累的事业是不完整的事业。如果你从拓展事业的角度出发对待工作，那便拥有了一个积极的开始，这样的开始必然孕育着无限生机；相反，如果仅仅从应付工作的角度出发，那你的事业成长道路必定是一个压抑的开始，这样的开始不会蕴涵足够的激情和动力，这样的开始就如同站在井底仰望苍穹，看到的只能是一小片单调的天空。

当你选择了一个行业，并且开始你的事业之路时，你就应该知道自己要以什么样的高度开始自己的事业，需要哪些知识来拓展自己的发展空间。

拥有更丰富的知识才能拓展更广阔的发展空间，只有在更广阔的发展空间里才能实现更高水平的发展，因此就越是需要拓展更加广博的知识层面。反之亦然，知识面越窄，发展空间越小，能力水平就越低，最后就越容易满足于眼前，越来越不思进取。

学校给我们提供的不仅仅是一份维持生计的工作，而从工作中我们得到的不仅仅是一份或多或少的薪水，给我们提供的更是一份崭新事业的开始，从这份新事业中我们还可以得到更加广博的知识和自我价值的不断提升。在事业的道路上能够获得什么样的成果，完全取决于我们以什么样的起点开始工作，如果你以不断拓展伟大事业的心态开始工作，那你自然会不断丰富和更新自己的知识，从而创造越来越大的价值。

# 1. 把时间和精力集中在同一方向

　　每一件事和每一项工作都会有其特定的最好结果，这个最好结果就是我们做一件事和一项工作所期望达到的最终目标。如果没有目标，就不可能有切实的行动，更不可能获得实际的结果；如果有了目标，你就能决定自己的命运。

　　一开始心中就怀有最终目标，意味着从一开始你就知道自己的目的地在哪里，从一开始你就知道自己现在在哪里，如何朝着自己的目标前进，至少可以肯定，你迈出的每一步的方向是否正确。

　　一开始心中就怀有最终目标，会养成一种理性的判断规则和工作习惯，会呈现出与众不同的眼界。

　　善于将时间和精力运用在一个"最终"目标上的人更可能，也更容易成功。

　　怎样才能把时间和精力集中在同一个方向呢？从大的方向来看，可从以下几方面着手：

　　**学会放弃**

　　不会放弃的人，永远无法集中精力专注于一个方向。懂得放弃的人深知生活中有太多的诱惑、太多的选择，只有把不值得的追求都抛弃掉，才能追求自己想达到的目标，朝着一个方向努力。

### 检视你的积极性

如果你发现自己做事的积极性不高或者没有积极性，你就要认真考虑一下，是否偏离了自己既定的方向。

### 经常问问自己有多少责任感

每做一件事，都承担着一定的责任。当你发觉自己缺少责任感时，你就要想一想是否偏离了目标。

### 及时评估进展情况

要及时地评估离目标尚有多远，尚有哪些事情要做，还要做哪些方面的投入或付出，最好列出一张表格，以免走弯路。

### 发现偏差及时纠正

这一点很重要，就像航船，要随时校正自己的方向，如果没有及时发现自己出现偏差，就会离目标越来越远。

# 2. 工作从高处着眼低处入手

一开始怀有最终目标很重要，但是，如果不会分解目标，"最终目标"就会成为空中楼阁。

要想达到预先设定的目标，要学会把这一目标分解开来，化整为零，变成一个个容易实现的小目标，然后将其各个击破。

许多人做事之所以会半途而废，并不是因为困难太大，而是觉得目标距离较远，正是这种心理上的因素导致了失败。的确，仅在方向的指引下我们看不到彼岸，大目标总是遥不可及，但若把长期目标分解为若干个小目标，逐一跨越它，就会轻松容易许多。

目标是逐步实现的，实现目标的过程是由现在到将来，由小目标到大目标，一步步前进的。而在设定目标时，运用"剥洋葱法"，由将来到现在，将大目标分解成若干个小目标，再将每个小目标分解成若干更小的目标，一直分解下去，那么在实现每个小目标时，你就能备受鼓舞，而且你会很清楚你现在该去做什么。

比如，你可以这样应用"剥洋葱法"：首先确定终极目标，再把终极目标演化成人生的总体目标，人生的总体目标不要太多，最好不要超过两个。然后，把总目标分解成几个 5～10 年的长期的目标，再把长期目标分解成若干个 2～3 年的中期目标,然后把每个中期目标分解成若干个6个月~1年的短期目标。进而,再将每一个短期目标分解成月目标,月目标变成若干个周目标,周目标变成若干个日目标,最后依次分解到现在该去干些什么。保证你现在做的每一件事情都跟你的梦想相关联。

**长期目标:5~10年**

长期目标与你所追求的整个生活方式是密切相关的——你想从事的职业类型,你向往的家庭类型,你追求的总的生活境况。在考虑长远计划时,不必拘泥于细节,因为以后的变化太多。应该有一个全局性的计划,但又要有一定的灵活性。

**中期目标:2~3年**

中期目标指用2~3年时间所要达到的目标,它包括你正在追求的那种专门的训练和教育,你生活历程中的下一步。

需要较好地把握住这些目标,并且在实施中能够预见自己能否达到目的,并按照情况的变化不断调整努力的方向。

**短期目标:6个月~1年**

短期目标指的是6个月~1年的目标。你能很快地确定这些目标,并且能够迅速明确地说出你是否正在实现它们。

不要为自己设立不可能实现的目标。人总是希望自己有所进步,但也不能要求过高以免达不到而挫伤信心。目标要实际,更要努力地去实现目标。

**近期目标:月、周、日**

小目标指的是1天~1个月的目标。明确这些目标比明确较长远的目标容易很多。如果能够准确列出下一个星期或下一个月要做的事,那么完成计划的可能性地是很大的(假如计划是合理的）。如果发现制定的目标太高，也可以随时进行修改。

微型目标：*15 分钟～ 1 小时*

微型目标指 *15 分钟～ 1 小时*的目标。这些目标是能够现实地、直接地掌握住的。由于它是被你直接控制住的，在你的生活中，它也显得很重要，只有实现这些微小的目标，才能实现较大的目标。

假如你的微型目标、小目标计划得不错，并能朝着这些目标前进，那么你的长期目标的实现自然也就可以得到保证了。

# 3. 运用高效的方法正确做事

"正确地做事"强调的是效率，其结果是让我们更快地朝目标迈进；"做正确的事"强调的则是效能，其结果是确保我们的工作是在坚实地朝着自己的目标迈进。效率重视的是做一件工作的最好方法。如果我们有了明确的目标，确保自己是在"做正确的事"，接下来要"成事"，就是"方法"的问题了。

有人认为，优秀的教师一定是最忙碌的人，其实，优秀的教师并非是最忙碌的人，他们十分注重工作方法，张弛有度。他们非常清楚自己的生活方向，也善于安排时间、控制节奏，知道自己该在什么时间做什么事情。即便是忙，也极有规律。

事实上，最容易的不过忙碌，最难的不过有成效地工作。如今，在信息庞杂、速度加快的职场环境里，我们必须在越来越少的时间内，完成越来越多的事情。

运用高效的工作方法是克服无为的忙碌、获取成就的最佳途径。

**化繁为简，把复杂的问题简明化**

在每做一件事情之前，应该先问几个问题：

这项工作是必须做的吗？是根据习惯而做的吗？可不可以把这项工作全部省去或者省去一部分呢？

如果必须做这项工作，那么应该在哪里干？既然可以边听音乐边轻松地完成，还用待在办公桌旁冥思苦想吗？

什么时候做这项工作好呢？是否要在效率高的宝贵时间里做最重要的工作？

这项工作的最好做法是什么？是抓住主要矛盾迎刃而解，收到事半功倍的效果？还是应采取最佳方法而提高效率？

**区分先后与轻重，工作秩序条理化**

工作秩序条理化是防止忙乱、获得事半功倍之功效的法宝。

（1）保持办公桌整洁。清理掉与目前工作无关的东西，将其分类归纳到抽屉里的指定位置；把与目前工作项目有关的东西放在办公桌上便于随手拿取的地方。

（2）懂得有所拒绝。我们不可能将所有的事情都由一个人完成，要学会调整自己，要懂得拒绝。有些事情是不是需要马上去做，是否还有比这更重要的事情需要去完成。对于这些一定要保证你在结束这项工作之前，为它采取了所有应该采取的处理措施。万一遇到自己能力范围之外的事，可以集思广益，一起解决。

（3）主动协助领导排定优先顺序。也许你常有"手边的工作都已经做不完了，又丢给我一堆工作，实在是没道理"的烦恼。你该做的是与领导多沟通，主动地帮助主管排定工作的优先顺序，这样便可大幅减轻工作负担。

**灵活机动，工作方法多样化**

（1）找到最佳方法。原有的工作方法未必就是最好的工作方法。对原有的方法加以认真分析，找出那些不合理的地方，加以改进，使之与实现目标要求相适应。

也可在明确的目的基础上，提出实现目的的各种设想，从中选择最佳的手段和方法。

（2）重新排列做事顺序。考虑做工作时采取什么样的顺序最合理，要善于打破自然的时间顺序，采取"分切""组合"式手法，重新进行排列。

（3）避免重复劳动。如果有两项或几项工作，它们既互不相同，又有类似之处，互有联系，实质上又是服务于同一目的的，就可以把这两项或几项工作结合为一，利用其相同或相关的特点，一起研究解决。这样自然就能够省去重复劳动的时间。

（4）善于劳逸结合。尽可能把不同性质的工作内容互相穿插，避免打疲劳战。如写报告需要几个小时，中间可以找人谈谈别的事情，让大脑休息一下；又如上午在办公室开会，下午到群众中去搞调查研究。

（5）经常性问题标准化。用相同的方法来安排那些必须时常进行的工作。比如，记录时使用通用的记号，这样一来就简单了。对于经常性的询问，事先可准备好标准答复。

# 4. 把最简单的事持续做好

什么是不简单？能够把每一件简单的事情千百遍地都做对，就是不简单；什么叫不容易？能够把大家公认的非常容易的事情高标准地认真做好，就是不容易。

无论在工作中还是生活中，都有很多事情，虽然很简单，但我们不能采用简单的做法。我们要把它们看作是一件需要付出全部热忱、精力和耐心的伟大事业。当你能够把一件简单的事情做得非常好时，你就变得很不简单，也就是不平凡。

世界上没有简单的事，只有把事情简单化了的人。我们总是想急功近利地做一些不简单的事，而忽视一些看似简单的事。其实，"把简单的招式练到极致就是不简单"。一个优秀的人不见得就能做出不简单的事情；一个平凡的人通过点点滴滴的努力和坚持不懈地做好每一个细节，反而可能成就不简单的事情。

简单必须先经过复杂的过程，就像读书一样，要先把书读厚，再把书读薄。简单是在复杂之上，跳出复杂才能简单，将简单管理真正落实到学校组织流程上，真正形成自觉的行为，更需要有一个过程，必须先复杂、精细，然后简单。

简单的事是每个人都能够做到、做对的，但能把简单的事做对并不难，难的是持续地做对。我们每个人都会做却又不屑于做的事情，贯穿整个日常生活。其实，简单不等于浅薄、简陋、粗放，简单是深刻、丰富、精细，丰富才能简单，精细才能简约。

# 5. 工作能够分清轻重缓急

一位优秀的教师懂得如何把重要而紧急的事情放在第一位，控制自己，防止自己变成一位"工作狂"，他们懂得如何授权他人，如何减少干扰，如何集中注意力，利用好精力充沛的时间，因为他们养成了一个良好的思考习惯：做事分清轻重缓急。

把事情按照重要程度和紧急程度分为四个层次：重要且紧急的事情、重要但不紧急的事情、紧急但不重要的事情、既不紧急也不重要的事情。

### 重要且紧急的事情

这类事情对你来说是最重要的事情，而且是当务之急，有的是完成你的事业和实现目标的关键环节，有的则和你的生活息息相关，只有合理高效地解决完，你才有可能顺利地进行别的工作。这种事情紧急而重要，你必须尽快把它们处理好，不能再拖延。

### 重要但不紧急的事情

这类事情不是最重要的，但是关系到你的长远发展。

对这些事情的处理情况，从一定角度反映了一个人对人生目标和进程的判断能力。因为这些事情是生活中经常会遇到的重要而又不是必须立即完成的事情。

这些事情的最大特点是没有规定的限期，如果没有被其他人催促或有现实因素的刺激，可能将被永远拖延下去。

### 紧急但不重要的事情

可以说，每个人都会遇到这样的事情。这一类事情表面上看起来是极需要的，而且要立刻采取行动，但是如果客观地来审视这些问题，我们就应把它列入次优先的事项中去。

大凡低效能的教师，他们每天 80％ 的时间和精力都花在了"紧迫的事"上。也就是说，人们惯常的习惯是按照事情的"缓急程度"决定行事的优先次序，而不是首先衡量事情的"重要程度"。

按照这种思维，他们经常把每日待处理的事区分为如下的几个层次：

今天"必须"做的事（最为紧迫的事）。

今天"应该"做的事（有点紧迫的事）。

今天"可以"做的事（不紧迫的事）。

但在多数情况下，重要的事却不紧迫。比如，长远目标的规划等，往往因其不紧迫而被那些"必须"做的事无限期地延迟了。而优秀教师懂得做要事而不是做急事。

### 既不紧急也不重要的事情

在生活中，我们会遇到很多这样的事情——不需要即时处理，甚至不需要处理的事情。如果把精力放在这些事情上面，会浪费大量时间。

但在实际生活中，所有的工作都既有紧急程度的不同，同时也有重要程度的不同。在现实生活中，可以用下面的乘式来解决做事的优先顺序：

优先顺序＝重要性 × 紧迫性

根据这两个维度，我们可以将工作分成四类。

第一类：紧急、重要的事情，危急紧迫的问题，限期完成的会议或工作。

第二类：不紧急、重要的事情，准备工作，预防措施、计划建立、维持人际关系，寻找新机会。

第三类：紧急、不重要的事情，造成干扰的访问，临时插入的事，电话、信件、邮件、报告、会议；直接而紧迫的问题，许多迫在眉睫的急事。

第四类：不紧急、不重要的事情，琐碎而忙碌的工作，某些电话，消磨时间，娱乐活动。

如果是忙于第一类，说明你总是忙于应付那些紧急的事。被一个又一个问题，弄得焦头烂额，始终忙忙碌碌。

如果是忙于第二类，说明你有着"做要事而不是急事的良好习惯，这正是优秀教师的思考方式和行为模式——把大量的时间用在重要的事情上。这些事情虽不紧急，但它却决定了我们的生活质量、受教育程度、工作业绩等。有了这个良好的习惯，凡事制订计划，按时工作学习，坚持锻炼身体，这样你就能避免不必要的紧张和慌乱，始终保持良好的状态。

如果是忙于第三类，说明你的工作自主性与效率都不高。你盲目地追随繁杂的事务，而不考虑它对你是否有益。你会发现自己的时间是不自由的，将自己紧紧地束缚在别人的议事日程上。如果不努力改变做事风格，你的生活和工作都将陷入被动局面。

　　如果是忙于第四类，说明你是一个很情绪化的人，既没有教学质量，也没有工作效能。你把大量的时间花费在毫无价值的事情上面，长此以往，你将一事无成。

　　工作是有章法的，分清事情的轻重缓急，一步一步地把事情做得有节奏、有条理，才能取得良好的效果。优秀教师在处理一年、一个月或一天的事情之前，总是能按分清主次的办法来安排自己的时间。

# 6.怎样才不让工作追着跑

### 发挥个性，张扬本色

工作步调不断加快，得失之间也变得鲜明无比，情绪的变化常让自己头昏脑晕，稍有心态调整不当，就有可能落入情绪忧郁的恶性循环中。在自己工作情绪不好时，你可以通过各种方法来调整自己，想办法缓解工作中的压力，发现生活的乐趣，为再次做好工作鼓足干劲。

### 努力让环境"新鲜"

陌生的工作环境可以让自己感到好奇、兴奋、新鲜，什么事情都想跃跃欲试，在逐渐熟悉工作环境之后，这些心态将渐渐远去，更多的是程序化地完成工作任务。长此以往，工作积极性自然下降。为此，你可以想办法为自己创造各种"陌生"环境，让自己好奇、兴奋、新鲜的心态永远存在。

### 合理调配"自我"

善于合理调配"自我"的人总是感觉生活是轻松的，工作是愉快的。为了达到这种目的，你应该对所有的工作都做好计划，并在规定的时间内完成。对于个人的进展应该定期进行"标记"，以便让自己明白，目前已经完成了什么，还有什么工作没有完成；对没有完成的任务，应该规划好完成的时间，并在某段时间，合理分配自己的精力，从而合理分配工作、学习、生活、娱乐的时间，而且能够很好地进行自我循环，自我提升。

### 找出压力的根源

每个人都会有工作压力，但最主要的一点就是你能否适应这份工作。如果能适应，那么工作中的压力就是自己进步的动力，你会很从容地去面对，找出压力根源所在。虽然压力的来源很多，但最主要的是自己永远有颗自信的心！

### 同事是最好的"减压"医生

在工作中难免会遇到这样或那样的事情，每当你遇到类似的问题，并因此而产生了无形的心理压力时，你可以找周围的同事进行倾诉。因为，同事比较了解自己的工作表现，可以帮助你更清晰地认识自己，往往最能客观地看待问题。

# 7. 如何培养思考能力

通过学习和实践的指导，每位教师都可以提高思考能力。只要了解了大脑的活动规律，我们就能通过工作和生活的各个方面改善我们的思考能力。

要想培养思考能力，必须广泛吸收各方面的信息。一个善于思考的人具有运用知识进行正确判断的智慧和能力。如果我们不知道如何对信息进行分析、组织、评价和运用，而只是掌握了一些信息，这并不能有效地培养自身的思考能力，因此培养思考能力必须注意以下两点：

第一，批判地思考。批判地思考可以帮助你塑造人格和丰富生活阅历，用正确的思想指导行为也可以从不同的角度看待问题，用有说服力的理由支撑你的观点。

如果你缺乏批判思考的能力，你就无法在具有挑战性的职业生涯中有所成就，因为你不能做到清晰地思考，解决复杂的问题，做出明智的决定。此外，无论你提出什么样的有创造性的想法都会缺乏实施的明确的框架或实际的可操作性。因为你不能明确地认识自己的选择，或从限制你的禁锢中解脱出来。

第二，创造性地生活。创造性能够以许多不同的方式丰富人们的生活，帮助人们实现自我，达到生活和工作的平衡。创造性能够使我们胸怀世界，展现自我。创造性是一种能赋予生活以意义的强大的生命力，它与批判地思考相结合，能使你在生活中取得成功，能使一切变得更加美好。

把批判地思考、创造性地生活相结合，能使你更加明智，有创造性地生活，从而使你达到最理想的状态，为提高思考能力创造条件。

# 8. 将工作和兴趣合二为一

快乐工作可以增强教师自身的幸福感。一个对工作感到不满的人，是不会有优越表现的。快乐工作有如下标准：

**兴趣与职业合二为一**

兴趣是一个人力求认识、掌握某种事物，并经常参与该种活动的心理倾向。

人们对某种职业感兴趣，就会对该种职业活动表现出肯定的态度，在工作中调动整个心理活动的积极性，开拓进取，努力工作，从而有助于事业的成功。反之，强迫做自己不愿意做的工作，对精力、才能都是一种浪费。

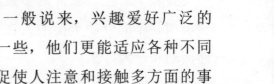

个人的兴趣爱好有很多，一般说来，兴趣爱好广泛的人，选择职业时的自由度就大一些，他们更能适应各种不同岗位的工作。广泛的兴趣可以促使人注意和接触多方面的事物，为自己选择职业时创造更多有利于特长与职业合二为一的条件。在职业选择时，还要想清楚，你最想做、最有希望做好的是什么工作。所以，要想获得事业成功，还需要培养兴趣爱好。

**特长与职业合二为一**

一个人的智能是以组合的方式构成的，每个人都是具有多种能力的组合体，人的智能是多元的，除言语（语言能力和逻辑、数理智力）外，还有视觉（空间智力）、音乐（节奏智力）、身体（运动智力）等。因此，我们应该静下心来审视一下自己，找一找自己的特长。

社会上任何一种职业对工作者的能力都有一定的要求。如对会计、出纳、统计等职业，工作者必须有较强的计算能力；对于工程、建筑及服装设计等职业的工作者要具备空间判断能力；对于飞行员、外科医生、运动员、舞蹈演员等职业的工作者则要具备眼与手的协调能力。在选择职业时不能好高骛远或单从兴趣爱好出发，要实事求是地检测一下自己的学识水平和职业能力，这样才能找到有"用武之地"的合适工作。

气质与职业合二为一

心理学家把气质分为多血质、胆汁质、黏液质、抑郁质四种类型。不同气质类型的人在生活和工作中会表现出不同的心理活动和行为方式。

气质本身并无好坏之分，每种气质都有积极和消极的一面。多血质和胆汁质的人比较适合一些要求做出迅速、灵活反应的工作；黏液质、抑郁质的人比较适合做要求细致的工作。气质是制约人们选择职业的重要因素之一，不同职业对人的气质有特定的要求，如医务人员要求耐心、细致，飞行员要求机智灵敏、注意力集中等特点。

气质具有相对的天性和稳定性，但后天也可以锻炼改造，况且纯粹属于某一气质类型的人很少，大多数人都是几种气质类型兼具的混合体。在选择职业时要注意扬长避短。

**性格与职业合二为一**

性格是由人的各种行为习惯特征所组成的有机统一体。性格与气质不同，其社会评价有明显的好坏之分。

许多工作对性格品质有着特定的要求，要选择某一职业就必须具备这一职业所要求的性格特征。

传统型的人在事务性的职业中最为常见。这一类人容易组织起来，喜欢和数据型及数字型的事实打交道，喜欢明确的目标，不能接受模棱两可的状态。

艺术型的人喜欢选择音乐、艺术、文学、戏剧等方面的职业。他们往往富有想像力，直觉强，易冲动，好内省，有主见。

现实主义型的人真诚坦率，较稳定，讲求实利，害羞，缺乏洞察力，容易服从。他们一般具有机械方面的能力，乐于从事半技术性的或手工性的职业（管道工、装配线工作等），这类职业的特点是有连续性的任务需要，却很少有社会性的需求，如谈判和说服他人等。

社会型的人喜欢为他人提供信息、帮助他人，喜欢在秩序井然、制度化的工作环境中发展人际关系和工作。社会型的人适于从事护理、教学、市场营销、销售、培训与开发等工作。

创新型的人喜欢领导和控制别人（而不是去帮助别人）以达到特定的组织目标，这种类型的人自信、有雄心、精力充沛、健谈。

　　调查研究型的人为了知识的开发与理解而乐于从事现象的观察与分析工作。生物学家、社会学家、数学家多属于这种类型。

# 9.掌握快乐工作的方法

**采取行动**

当你遇到问题时，首先应该问一问自己可以做些什么、应该怎样做，也可以就发生的问题主动和领导沟通，寻求解决问题的方法并讨诸行动。

**调整观念**

如果遇到无法解决的问题，应该适当调整自己的心态，运用乐观的态度面对一切。

**抒发情绪**

情绪低落时，可以向朋友、家人倾诉，把负面情绪发泄出来，调整好心情后再处理工作。

**散心调剂**

兴趣、爱好能够让你完全放松自我，感受到快爱和平静，这是缓解工作压力很好的方法。

**发现意义**

很多人认为工作失去了意义，所以在工作中找不到快乐。此时，可以认真地问一问自己，到底自己想要追求的是什么？这个工作对你的意义是什么？如果你连一点意义都找不到，就可以考虑换其他工作了。

**增强体能**

快乐工作是以身体健康为基础的，如果一个人能够作息规律、适当运动，就会快速进入工作状态，快乐工作。

# 10. 提升快乐工作的指数

教师工作的"快乐指数"越高，学校生命力就越强，凝聚力就越强。那么如何提升工作快乐指数，克服职业倦怠感呢？

身处职场出现工作倦怠，不外乎精神、生理、物质上失去了成就感、价值感，从而导致心力交瘁、厌倦、疲惫。当某个人职业达到一定高度时，物质激励已经不能让其拥有工作快乐感和满足感，这类职场中的人更在乎自己能为社会创造多少价值；另一类人因为预期的目标没有实现，而失去了信心，产生了厌倦感。

要想让自己快乐工作，并提升快乐工作的指数，使自己保持最佳工作状态就要做到以下几点：

## 顺畅沟通

工作中出现意见分歧、发生问题都在所难免，主动沟通能够增进同事之间的感情和默契度，面对困难时可齐心协力共同解决。快乐来源于相互的理解和尊重，良好的沟通能让我们获得快乐！

## 乐观心态

心态平和的人容易获得满足，心态乐观的人更容易捕捉快乐，调整因工作带来的厌倦和疲惫，我们需要做的就是改变自己对工作的主观态度，如"事情太多""工资太低""每天都在做重复的事情"等。我们应该更多地想到工作带给我们的好处，如"人事都很熟，做事很上手""工作让我积累了很多经验"等。

**情绪发泄**

工作中出现的不良情绪可能导致职业发展停滞不前，因此适时的疏导可以把情绪发泄出来，避免造成情绪积压。

**压力缓解**

工作给人带来成就、价值的同时，也带来了沉重的压力。这种压力深深地影响着我们的工作热情和激情，因而适当的娱乐有助于缓解压力，使生活多一些轻松和愉悦。

# 第三章

## 端正心态，快乐工作

# 1. 掌握工作快乐的原则

### 找到新的"灯塔"

据调查,超过60%的人的职业困惑源于定位不清、目标不明。每天为生计奔忙,工作成为一种负担,梦想开始淡忘,目标开始模糊,在工作中找不到快乐,一切就像在茫茫大海中航行的小船看不到指明的灯塔,没有方向盲目前行。

### 从内心寻找快乐

让自己在工作中变得快乐就是挖掘内心的快乐源泉,快乐地工作。这种选择来自你内心深处对工作的看法和观念,即对待工作的态度。态度可以是你的无价财富,也可以是你成长的最大障碍,这一切在于你如何把握、如何选择。一个清楚自己想要什么的人,比什么都想要的人更容易快乐。

### 在行动中寻找快乐

如果你想要做到不平凡,首先你要停止平凡;如果你渴望成功,首先你不能等待"适当的时间"或"完美的机会",你必须立刻开始行动,并且要坚持不懈地去尝试。

### 在充电中寻找快乐

要想在自己的工作岗位上做得更出色,就必须让自己时刻学习新的知识。将所学的新知识应用到实际工作中,能够活跃你的思维,帮助你保质保量地完成工作任务,努力做到学有所思、学用相长。

**在平衡中寻找快乐**

生活与工作需要平衡，在忙碌的工作后你可以回家看看日夜想念你的父母，也可以和三五知己去其他城市或地方旅游，还可以在假期里做一些平时上班没时间做的事情……总之，只有休息好才能更有精力地应对新的工作，接受更高层次的挑战。

## *2.*领悟快乐工作的内涵

　　一位教师要想"工作并快乐"，必须对快乐与工作有一个正确的认识，领悟其内涵，才能有"工作并快乐"的思想基础。现代社会上的每一个人，对工作与快乐的理解不同，追求也不一。作为一个职场人，追求一份自己热爱又能发挥自己才能的工作，希望获得财富与成功，并过上舒适开心、幸福美好的生活是每一个人所追求与希望的。一个人如果好逸恶劳，或大事做不来、小事又不做，或权欲熏心、利欲熏心，不切实际地无度追求与希望，是永远也不可能幸福和满足的，也永远达不到"工作并快乐"的境界。

# 3. 快乐工作包括哪些方面

### 胜任常乐

快乐在感官愉悦、心情舒畅这一点上都是相同的，但是快乐的工作和工作的快乐是不尽相同的。快乐的工作是一种积极的工作态度，而工作的快乐则是从工作中寻找乐趣。快乐的工作首先要以工作的快乐为基础。

工作的快乐分为短期快乐和长效快乐。短期快乐是一种新鲜感，随新鲜感消失而消失。长效快乐来自对所从事的工作的理解和胜任。理解是一种境界，胜任是对工作主动性的把握，是工作的底线，也是人生价值的实现。没有胜任，就谈不上快乐；没有胜任，就会有无穷无尽的烦恼伴随你。胜任未必愉快，但不胜任就一定不会愉快。

### 心态快乐

快乐是一种心态。快乐是一种幸福感，幸福的来源是多方面的，有的来自事业的成功，有的来自欲望的满足，有的来自理想的实现，有的来自生活的安逸舒适，有的来自情感的归宿……而最直观的就是心情的舒畅。

心态不仅决定快乐，还可以决定身体的健康。

心态的常态要提倡空载。空载是心境的一种良好状态，空载的心境可以区别于盲目和麻木。人的心态只有在两种情况下处于空载的状态：一种是原始的朦胧状态，另一种是超凡脱俗的忘我状态。我们要追求的良好心态，是建立在一定心理素质基础上的忘我状态。人的社会存在决定了人的社会意识，但是社会意识并不能决定心态。事实上心态的空载是相对现象，人的心境是非常复杂的生理和生存反映，所谓调整心态其实就是化繁为简、心理制衡的过程。

化繁为简的要诀是减少无端的联想和后悔心理，就事论事；心理制衡的重点是不能不对比，也不能泛对比。恰当对比是比低不比高，比不幸者而不比荣幸者。心态并不能代表高度的理智，但是心态直接决定情绪的起伏和忧喜。唯思想单纯者和超脱的智者能做到宠辱不惊、临危不惧、心平气静。所以，心态需要修养，修养必须有洞察事物的睿智，方能拥有平和的心态。

### 身体快乐

心理健康的物质基础是身体的健康。好的心态有益身体的健康，一个健康的体魄，正是好心态必不可少的支撑。有了心理平衡，才有生理平衡，有了生理平衡，才可能有健康。

在人生拥有的资本计算式中，身体的健康状况是第一位数，其余系数如物质财富、精神财富、事业、家庭、情感等皆为一位数以后的零。如果第一位数为零，后面的零就没有任何意义了。可见，身体是我们从事任何工作的本钱，也是快乐的基石之一。

### 成功快乐

快乐工作不可仅仅把工作视为谋生的手段，而要当作一项事业来做，当作生命的需要、精神的需要来做。这样才会给你带来成功的喜悦。

要获得事业的成功，必须努力奋斗。德国哲学家叔本华说过："人生最重要的就是两件事——努力获得你所需要的，然后去享用它。"所谓获取所需，并不是简单地实现一个小小的愿望，主要是指事业上的成功。享用并非坐享其成、坐吃山空，而是消化和巩固成果。

要成功当然首先必须用功。只有充分相信耕耘，把收获的希望放在耕耘上，才能获得成功的快乐。

### 知足快乐

人生非常矛盾的选择是知足和知不足。常常是知不足容易而知足难，知不足是一种欲望的反映，知足却是一种理智的抑制。

知足者也较多地涉及心理比较问题：如果拿自己的不足去与别人的富足相比，越比较越令人沮丧；如果拿自己的优势去比较别人的弱势，越比较越没有不满足的理由。要自寻烦恼，你就去寻找高不可攀的目标；要寻得心灵的慰藉，你不妨多比较低于自己生活水准的群体。

### 修养快乐

修养快乐其实就是学习快乐。良好的修养是快乐的重要源泉，而且可以使你终身受用。修养大体包括道德修养、党性（责任感）修养、情商修养、智商修养等。

通过学习修养可以树立远大理想，可以益智，可以陶冶情操，可以"贫贱不能移、富贵不能淫、威武不能屈"，可以宠辱不惊，可以从容面对生活和工作中的波澜起伏，可以守护住自己一份良好的心境。修养能使你认清个人的价值，发挥潜能；能使你参透生命的内涵，优雅而充实地生活；能使你明白工作的意义，从而更加精神抖擞地、愉快地投入工作。

# 4. 以愉快的心情进行工作

　　也许人生的最大快乐就在于有目的地、朝气蓬勃地工作，一个人的信心、活力和其他种种优良品质都依赖于它。

　　在牛津大学流传着关于一个非常卓越的建筑师的故事，他接受了长时期的良好教育，并且到古老的东方作过旅行。然后回家准备从事一项实际工作。他决定能找到什么样的工作，就从什么样的工作入手。因此，他从事了一个与房屋维修有关的职业，这是一个最不受欢迎而且报酬最低的职业。但是，这位建筑师却有着良好的心态，他下决心要一直做下去，因此他有了一个良好的开端。在一个炎热的六月天，建筑师的一个朋友发现建筑师跨坐在屋顶上全神贯注维修房屋。建筑师用手擦了擦脸上的汗珠，对朋友大声喊道："对于这个走遍了全希腊的人来说，这是一个最好的职业。"他就是这样全身心地一丝不苟地从事自己的职业，直到他一步一步地获得事业的成功。

　　愉快的工作心情是极为难得的财富。它能够带来极大的工作愉悦感，使工作变得更加轻松。所以，以愉快的心情进行工作是成功之道、幸福之源。

# 5.如何使自己陶醉在工作中

　　成功的人必须有健康的身体和无限的精力，能够全身心投入工作中，并在工作中寻找快乐，这种快乐是别人享受不到的。

　　没有人能永远全神贯注，事实上也没有这种必要。只要养成习惯，必要时便可把精神集中在工作上，你会发现生活比以往更有意义，因为你已学会专心做事，你会工作得更有动力。

　　事业有成的人乐于面对压力，因为他们面对压力和挑战时会全力以赴，集中精力解决问题，全身心地投入工作中。

　　需要特别注意的是，辛勤工作并不能表示你已真正投入工作中了。同样砌砖墙，有的人默默埋头苦干，觉得工作很无聊，但还是认命地做下去；有的人一面砌，一面想象这座墙砌成后的样子，上面也许会爬满玫瑰花，孩子们也许会攀在墙头看风景等，他努力砌墙的同时，已经看到了努力的成果。

　　前一个砌墙人虽然卖力，其实他只是在现有的工作上打转，生活对他而言是一种苦刑。后者却能陶醉在工作中，他很可能一面工作，一面思考改善，这使得工作不仅不让他觉得无聊，还让他有机会成为更好的自己。

# 6.从工作中寻找快乐

你的工作快乐吗？

面对越来越大的工作压力，我们是选择一味地叹气抱怨或者直接放弃；还是处之泰然，并努力在工作中寻找快乐，享受工作的过程。

当然是后者。

### 拥有快乐的态度最重要

人终其一生，半生都在工作。薪水与职位在一定程度上不能让一个人对自己所从事的工作有高度的责任。唯有在工作中实现自我，感到快乐，才能持久。

### 找到日常生活的快乐小片段

乐观的人也有情绪跌落谷底或压力大的时候，没有人天天都是快乐的。

要找到宣泄情绪的方法，记录日常生活的快乐小片段。就算是工作不顺心，也可以迅速调适自己，打起精神，有效完成工作任务。

面对工作压力时，回忆日常生活的快乐小片段是非常有效的获得快乐的方法。

### 选择可以发挥自己长处的工作

工作快乐的关键在于明确自己的岗位职责，发挥自己的长处，把工作做得卓有成效。工作本身没有所谓的好与坏，而是看你如何去做，并在工作中扬长避短。

### 工作与生活不但是平衡，也是融合

工作只是生活的一部分，新时代的工作者更重视工作与生活的平衡。事实上，要达到工作与生活的平衡，不表示将工作与生活完全地分离。

工作与生活应该是多元的平衡，在生活中工作，在工作中生活，二者很难真正地分离，而是结合在一起的，每个人最好能够找到自己真心喜欢的工作，让自己能够沉浸在其中。

### 工作之外，寻求其他成就感来源

归根究底，工作不会是生活的全部，个人自我形象的建立如果愈多元，愈容易感到快乐，同时在遇到挫折时也比较容易应对。

如果个人成就感的来源只有工作，很容易因为工作上的不顺心而影响自己的情绪。一旦在工作上遭遇挫折，心理的冲击也会更大。所以，每个人应该在工作之外，寻求其他的成就感来源。

### 快乐力量大

每个人都有自己快乐的方式和定义，就看你如何调适自己。聪明的人会做三件事：改变自己去适应环境、塑造有利的环境、选择新环境。

# 7. 保持快乐工作的心态

对于每一个职业人来说，我们可能无法左右与影响外部环境的变迁，我们唯一可以做到的，就是在晴空万里的日子里享受阳光的喜悦，在阴云密布的日子里心中仍然充满灿烂的阳光。

**调整自己，改变态度**

心态影响人的能力，能力影响人的命运。生命的质量取决于你每天的心态，如果你能保证眼下心情好，你就能保证今天一天心情好，如果你能保证每天心情好，你就会获得很好的生命质量。

也许我们改变不了环境，但可以改变自己；改变不了事实，但可以改变态度；改变不了过去，但可以改变现在；不能控制他人，但可以掌握自己。

**发现美好，乐观豁达**

职业人士在职业生涯和生活中，不可能一帆风顺，种种失败、无奈都需要他们勇敢地面对、豁达地处理。在这个过程中捕捉生活中的美好，乐观地解决问题。如果一味地埋怨生活，从此消沉、萎靡不振，永远也无法达到自己的目标。

# 8.培养积极工作的心态

### 从早晨起床开始

"一日之计在于晨",早上起床时的情绪往往会影响一天的心情。早上醒来,大声地告诉自己:我能行。然后把窗户打开,深深地吸一口早晨新鲜的空气,感受一下柔和的旭日,会让心情更加舒畅。

### 让音乐带给你活力和信心

一般来说,有节奏的音乐会带给人活力与信心,促进心脏、血管、内分泌腺的功能,使身体产生有节奏且规律的活动。有位诗人曾说:"音乐能够使人产生感情,让心灵洁净清爽,音乐的物理振动对身体有强烈的刺激作用。"

### 接受新的挑战,给自己一种全新的感觉

从事相同的工作太久,头脑会渐渐刻板化,产生职业倦怠,因此在接受新的工作挑战时,可以稍微改变一下自己的工作环境或习惯。例如,办公桌上放一瓶花,这小小的改变可以带给自己全新的感受。如此,当你遇到复杂的工作任务时,亦可使你全身心地投入工作中。

### 从自己最擅长、最容易做的工作着手

工作中,先从自己最擅长、会做得很好的工作着手,心里便会充满信心。这种信心会成为一股强大的动力,使自己保持

愉快的心情，这一天也会过得非常积极。

为此，你可以在前一天预留下较为简单的工作，待明天工作开始时完成。这可以为展开积极的明天做一番准备。

面对一天的第一件工作时，要格外认真，使它成为一个好的开始。如此，一天的心情都会非常愉快，积极性也会增加。

### 不要担心失败

初入职场的人很容易陷入自我否定中，对难得的构想在一开始便否定它的价值。尤其是消极的人更是如此，缺乏自信心，工作积极性较低，又担心做事失败。因此，在工作时，先不要想自己能不能做、后果如何，而要先考虑如何做，自己先做好心理准备，对可能出现的后果有一定的预期。

# 9. 保持竞争的心态

竞争可以克服惰性，促进社会的进步和发展。竞争让人们满怀希望，朝气蓬勃，这是一种健康的心理。但是，竞争也容易使人在长期的紧张生活中产生焦虑,出现心理失衡、情绪紊乱、身心疲劳等问题。有时由于主观愿望与客观满足之间出现巨大差距，加上有的人心理素质本来就存在不稳定因素，则会导致他们意志消沉，甚至出现难以想象的后果。那么，在充满竞争的现代社会中，如何才能保持竞争的心态呢？

首先，应该对竞争有一个正确认识。有竞争，就会有成功者和失败者。但是，关键是正确对待失败，要有不甘落后的进取精神。

其次，对自己要有一个客观的恰如其分的评估，努力缩小"理想我"和"现实我"的差距。在制定目标时，既不好高骛远，又不妄自菲薄，要把长远目标与近期目标有机地统一起来，脚踏实地，一步一个脚印地做事，这样才有助于"理想我"的最终实现。

最后，在竞争中要能审时度势，扬长避短。一个人的需求、兴趣和才能是多方面的，如果在实践中注意挖掘，那么很可能会迎来"柳暗花明又一村"的新局面。这样不仅能增加成功的机会，而且会打下进一步发展和取胜的良好基础。成功了固然可喜，失败了也问心无愧，如果从中悟出了一番道理，或者在竞争中学到了知识，增长了才干，那么这种失败或许更有价值，这也会成为成功的起始。

# *10.* 学会享受工作的快乐

人的大部分时间都是在工作中度过的，只有让工作变得有意义，人生才能有意义。要意识到与同事的相处，与客户的交流都是一种必要，如果把这种必要转换成一种乐趣，那工作的每一刻都是充满乐趣的。

有的人将自己的生命浪费在对工作的抱怨上，原地踏步，毫无进展。他们不断地向前移动，却没有任何喜悦和成长，以致迷失自己。

快乐的秘诀就是做自己喜欢做的事。一份你喜爱的工作，能够让你以最饱满的热情充实自己，不断提高自己的生命品质，才能不断完善自己。

在一整天的工作当中，如果你能热忱有礼、心情愉快，那么下班后，便会觉得轻松且不疲倦。因为愉快、欢笑可以缓解紧张情绪，调整自己的情绪。

对工作保持开朗热忱的态度，这不仅只是笑声的有无，它更是一种新的生活态度。要设法让自己在工作的时候，还可以获得与休闲时同样的快乐。

大部分人甚至无法想象，做自己真正喜爱的工作会有多么快乐。布洛斯说："一个人如果有一份投合兴趣的工作，有可以让他全心投入的职业，他生命中的力量便可找到充分的出口。这样的人是幸福的。"

你是否在做自己最喜欢的工作？若环境迫使你不得不做一些令人乏味的工作，你就更应该想方设法使之充满乐趣，用积极的心态投入工作。当你对工作投入的热情让你忘记了工作本身的乏味时，工作就已经不再是一件苦差事，相信每一个人都有这种"化腐朽为神奇"的力量。

所有的抱怨只会加深自己的不满，而无法从根本上解决问题。只有真正地把工作和乐趣合二为一，才能享受到工作的乐趣。

如果你掌握了这条积极的法则，能将工作和个人的兴趣紧紧地结合在一起，那你的整个身心都会充满活力。

# *11.* 培养最有效率的工作心态

**在其位，谋其政**

明确参与项目的核心成员范围，落实到具体人。核心成员享有参与本项目任何问题决策的权利，同时也必须履行全程跟踪参与本项目的义务。

非核心成员可以部分参与工作，且只对自己参与的工作负责，并随时提出建议。

**两点之间，线段最短**

参与项目的核心成员要建立点对点的直通快道，重要信息、思想和意见建议必须共享，不转述，不掩饰，不猜测，实现扁平化的无障碍沟通。要避免因信息不对称而引起的无谓扯皮。

**大胆设想，小心求证**

不背包袱，言者无罪，不受习惯思维束缚，不因可能被别人耻笑而缄口不言。如果所做的工作之前没有成功的案例，没有成型的模式，没有修好的道路，则必须先有大胆设想的开创性，然后有小心求证的科学性。

**先学习，后原创**

无中不能生有，别人的成功点正是我们的上马石。没有学习，谈不上原创。为此，应向周围的人学习，向我们的朋友学习，同时也向我们的对手学习。

**有付出，才有所得**

这是一条大道理。但人们常常只对它进行片面的阐释，作为说服别人或宽慰自己的工具，但我们今天可以把它阐释得更全面一些：有必须付出之付出，才有应当所得之所得。

## 12. 把快乐带到工作场所

你如何平衡工作与生活的关系？能否在二者之间找到适当的平衡，意味着你是享受生活的乐趣，还是遭受生活的折磨。

为生活增加乐趣是创造幸福和使内心安宁的一种方法。快乐是通过安宁、成功、好运气或者拥有你期望的东西的可能性赢得的。清晰地定义你的目标，然后制订计划去实现自己的理想，可以获得快乐的感觉。在努力追求宁静、祥和的生活时，快乐地工作是减轻负担和缓解压力的好方法。

在通常情况下，事业有成的人或者创造自己理想的工作，或者做点什么以使工作更舒适和更适合自己，决定什么也不做不是明智的选择。为自己选择理想的工作会给你带来欢乐，只有你才能确定自己的正确发展道路。

一旦你确定了自己喜欢且擅长做的工作，你就应该为自己何时开始行动确定最后期限，然后尽心尽力地做好。

那些快乐工作的人，当你看到他们日复一日地做自己的工作时，仿佛是在娱乐，而不是在工作。他们的工作富有挑战性、有价值、充满情趣。有些人很幸运，找到了自己心爱的工作，其他人则创造自己喜爱的工作。不管以哪种方式，成功者都尽量把快乐带入工作当中。

为了在工作场所享有更多的快乐，一开始就不要对自己太苛刻。辛勤工作并喜欢其工作的人似乎肩负着一种使命，他们内心充满了活力和使命感。所以，他们体验的更多的是工作带来的乐趣。

# 13. 将工作当成人生乐趣

只有通过工作，才能保证精神的健康；只有在工作中进行思考，才能使工作成为一件快乐的事。

即使你的处境再不尽人意，你也不能厌恶自己的工作。如果环境迫使你不得不做一些令人乏味的工作时，你就应该想方设法使工作充满乐趣。用这种积极的态度投入工作，无论做什么，都很容易取得良好的效果。

人可以通过工作来学习，可以通过工作来获取经验、知识和信心。你对工作投入的热情越多，决心越大，工作质量就越高。当你拥有这样的热情时，工作就变成了一种乐趣。

当你在乐趣中工作，如愿以偿的时候，就该爱你所选，不轻言变动。如果你开始觉得压力越来越大，情绪越来越紧张，在工作中感受不到乐趣，没有喜悦的满足感，这需要从心理上调整自己。

一个人工作时，如果能以精益求精的态度，火焰般的热忱，充分发挥自己的特长，那么不论做什么样的工作，都不会觉得辛劳；如果我们能以满腔的热忱去做最平凡的工作，也能成为最精巧的艺术家；如果以冷淡的态度去做最不平凡的工作，也绝不可能成功。

如果一个人鄙视、厌恶自己的工作，那么他必将失败。引导成功者的磁石，不是对工作的鄙视与厌恶，而是真挚、乐观的精神和百折不挠的毅力。不管你做的是什么工作，都应当付之以艺术家的精神，应当有十二分的热忱。这样，你会不再有劳碌辛苦的感觉，厌恶的感觉也自然会烟消云散。

如果你将个人兴趣和自己的工作结合在一起，那么，你的工作将不会显得辛苦和单调。兴趣会使你的整个身体充满活力，达到事半功倍的效果。

工作不仅是为了满足生存的需要，同时也是实现个人人生价值的需要。一个人总不能无所事事地终老一生，应该试着将自己的爱好与所从事的工作结合起来，无论做什么，都要乐在其中，而且要真心热爱自己的工作。

# *14.* 保持健康的工作心态

今天，不少人有这种想法。对他们而言，工作就像一座钟，而他们是一些只管盯着闹钟的指针，等不及下班信号就要逃离工作场合的人。对他们而言，工作没有乐趣，仅仅是延续生命的一种不得不为之的手段。

从事有价值的工作是人生的一种真正快乐。当你从事有价值的工作时，你不仅仅是赚取金钱，同时也是为自己挣取自尊自爱。

诚然，有些人仅仅是为了养家糊口在做着不适合自己的工作。他们不喜欢所从事的工作，使工作对他们而言变成了一种苦役，无法体会到一个把大部分精力投入工作的人所体验到的愉悦。

假如你不幸陷入这种困境，你就必须想办法去自省和补救。因为对自己的工作感到乏味，便很难享受到创造性生活的乐趣了。

也许是你对工作没有给予应有的重视；也许是你还没有完全发现你的种种潜能；也许是你还没有彻底看清事实，那么你应该牢牢记住：在很多情况下，创造机遇的是你自己，而不是工作。

如果错在工作，那么可能的话，为什么不去另找一份工作？只要你对工作产生兴趣，哪怕少拿一些薪金也是值得一试的。

假如你无法另找一份工作，那你就得加深对工作价值的认识，使它成为你的一种乐趣而不再是苦役。

千万不要在你所从事的工作中混入消极的意识。你应该尽最大可能感受工作的快乐。

在职场中，人们需要保持健康的工作心态。当工作压力太大时，如果能有健康的工作心态伴随，心无杂念，一往无前，做起事情来便可认真积极，事半功倍，所有问题都会得到解决。

## *15.* 怎样把尽责看作乐趣

优秀教师与普通教师的区别在于他们对待工作的态度，前者把尽职尽责的工作当作乐趣，后者把尽职尽责的工作看成苦役。

要看一个人是否对工作尽职尽责，只要看他工作时的精神和态度即可。如果某人做事的时候，感到受了束缚，感到所做的工作只有劳碌辛苦，没有任何趣味可言，那么他绝不可能有什么伟大的成就。

人们对他的工作所持有的态度，和他本人的性情、做事的方式有着很大的关系。

如果一个人轻视他自己的工作，做事草率，那么他决不会尊敬自己。如果一个人认为自己的工作辛苦、烦闷，那么他的工作决不会做好，这一工作也无法发挥他的特长。

在任何情况下，都不允许你厌恶自己的工作。厌恶自己的工作是最糟糕的事情。如果你为一些不得已的事情所迫，而做一些乏味的工作，你也应当设法从这乏味的工作中找出乐趣来。有了这种态度，无论做什么工作，都能有很好的成效。

不管你的工作多么普通，你都当待之以艺术家的精神而非待之以工匠的精神，只有这样，你才能从现有的境况中解脱出来。

不论做什么事，都要竭尽全力，这是决定一个人日后事业上的成功的关键。如果一个人领悟了通过全力工作来免除工作中的辛劳的秘诀，那么他也就掌握了取得成功的方法。倘若能处处以主动、努力的精神来工作，那么即便从事最普通的职业，也能绽放出自己的光彩。

# 16. 不断调整自己的心态

心态是可以调整的，只要你愿意。

如果你觉得自己的昨天没有创造多少价值，或者你觉得自己过去没有把握住成长的机会，不要紧，你还有今天，你要确定这一天以积极乐观的心态面对一切。昨天是好是坏已经归于过去，新的事业从今天开始，只要你今天做得足够好，只要你确保今天比昨天更有进步，那么你就有了一个最好的开始。

心态无所谓好坏，只有积极和消极之分，只要适合自己及学校所处的成长阶段，并有利于自己和学校日后的成长，那么这种心态就是积极的，反之则是消极的心态。人们在每一个成长阶段的开始都会不自觉地确立一种心态，这种心态会对这一成长阶段取得的成绩产生重大影响。聪明的人善于反省自己的心态，当他发现自己在某一成长阶段取得的成绩不如预期中的大时（当然，首先要确保这种预期是科学而且合理的），他就要对自己最初的心态进行深刻的反省，然后根据事物本来应该发展的趋势来调整心态，最终使自己的心态符合实际情况，也有利于自身的不断成长。

事实上，适时调整一下自己的心态，对于任何人来说都有百利而无一害。也许你过去有些急功近利、有些好高骛远，那么现在到了及时调整的时候了，所有的一切都需要你以一种新的心态去面对。这种心态可以是平和稳重的，可以是锐意进取的，也可以是脚踏实地的，只要它是积极的、有利于你不断成长的。

优秀的教师总是能够及时调整自己的心态，让自己时刻保持积极向上的精神风貌。而那些不愿意以新的心态面对新环境和新问题的教师，则很难迎来新的成长机会。

当生活的日历翻过去一页的时候，过去的一切已经成了我们成长历程中的一幕幕回忆，我们可以从过去的成功中获得前进的力量，也可以从过去的失败中汲取必要的经验，但我们唯独不能沉溺于过去。新的成长道路需要新的心态去开拓，新的事业刚刚开始，翻开崭新的一页，我们的心态应变得更加成熟，更加适合现在的发展。

# *17.* 千万别把工作当成苦役

如果你认为自己的工作是乏味的，是一种苦役，那么就会产生抵触心理，很难取得一定的成绩。如果你对自己的工作是被动的而非主动的，那么对工作就会感到厌恶；如果对工作毫无热诚和爱好之心，无法使工作成为一种享受，只觉得是一种苦役，那我们在这个世界上很难取得什么成就。

如果你对工作依然存在着抱怨并斤斤计较，把工作看成是苦役，那么，你对工作的热情、忠诚和创造力就无法被最大限度地激发出来，也很难说你的工作是卓有成效的。你只不过是在"过日子"或者"混日子"罢了！

即使你选择的工作不是自己感兴趣的，也应当努力设法从乏味的工作中找到乐趣。要知道，凡是应当做而又必须做的工作，总不可能是完全无意义的，问题在于你对待工作的态度。如果对工作表现出积极的态度，就可以使任何工作都变得有意义。

其实，只要你在心中将自己的工作看成是一种享受、看成是一个获得成功的机会，那么工作上的不良情绪就会消失。

许多人无法秉持一丝不苟的工作态度，原因在于贪图享受，好逸恶劳，把工作看成是苦役，背弃了将本职工作做得完美无缺的原则。所以，每个人都应该有这样的信念和决心：从事工作，必须不顾一切，尽自己最大的努力。如果你对工作不忠实，不尽力，把它当成是一个苦役，那你不会从工作中得到应有的乐趣。

# 18. 不要对工作抱不满情绪

在开始工作的那天，你就应调整自己对工作的态度，对自己说：工作是美好的，生活是美丽的，生命更是可贵的。

在社会生活中，许多涉世不深的年轻人常有这样的想法：自己辛苦地工作，而收入微薄。这种不平衡的心理导致他们开始讨厌自己的工作，自然也就对工作失去了兴趣。

如果你想成为一个成功者，就应该把目前的工作当作一项事业，不要眼高手低，认为自己不应该把精力浪费在那些琐碎的小事上。一个连小事都无法做好的人，又怎能去做轰轰烈烈的大事呢？

这就需要我们改变自己的工作态度，用一些时间仔细想想如何调节自己的心态，然后使自己变得愉快。当你心情舒畅时，自然会全力以赴地投入工作。

# 19. 不要轻视自己的工作

许多人认为自己所从事的工作是没有价值的。他们身在其中，却无法认识到其价值，只是迫于生活的压力而劳动。他们轻视自己所从事的工作，自然无法全身心地投入其中。他们在工作中敷衍塞责、得过且过，而将大部分心思用在如何摆脱现有的工作环境上。这样的人在任何地方都不会有所成就。

所有正当合法的工作都是值得尊敬的。只要你诚实地劳动和创造，没有人能够贬低你的价值，关键在于你如何看待自己的工作。那些只知道要求高薪，却不知道自己应承担责任的人，无论对自己，还是对领导，都是没有价值的。

也许某些行业中的某些工作看起来并不体面，工作环境也很差，但是，请不要无视这样一个事实：有用才是伟大的真正尺度。

工作本身没有贵贱之分，但是对于工作的态度却有高低之别。看一个人是否能做好事情，就要看他对待工作的态度。而一个人的工作态度，又与他本人的性情、才能有着密切的关系。一个人所做的工作，是他人生态度的表现，一生的职业，就是他志向的表示、理想的所在。所以，了解一个人的工作态度，在某种程度上就是了解了那个人。

如果一个人轻视自己的工作，那么他决不会尊敬自己。因为轻视自己的工作，所以倍感工作艰辛、烦闷，自然也不会做好工作。当今社会，有许多人不尊重自己的工作，不把工作看成创造一番事业的必由之路和发展人格的工具，而视为衣食住行的供给者，认为工作是生活的代价，是无可奈何、不可避免的劳碌，这是一种错误的观念。

那些轻视自己工作的人，往往是一些被动适应生活的人。他们自认为要想活得更加轻松，应该有一个更好的职位，工作时间更自由。他们总是固执地认为自己在某些方面更有优势，会有更广泛的前途，但事实上并非如此。

那些轻视自己工作的人，不愿意付出艰辛的劳动，他们害怕接受挑战，只会找许多借口逃避，久而久之就会轻视自己的工作。

天生我才必有用，懒懒散散只会给我们带来巨大的不幸。有些年轻人用自己的天赋来创造美好的事物，为社会做出了贡献；有些人没有生活目标，缩手缩脚，浪费了天生的资质，到了晚年只能苟延残喘。本来可以创造辉煌的人生，结果却与成功失之交臂，不能说不是一个巨大的遗憾。

# 20. 怎样对抗负面的工作情绪

工作中，我们该如何不让"小事"影响工作情绪呢？

冷静地面对批评——听到别人的批评后，先用缓慢平和的声音在脑海中重复语句，隔绝敏感声线，这有助于你虚心接受批评意见。

从容面对敏感信息——不少人在面对同事冷冰冰的嘴脸时，都会不安甚至失眠。遇到这种情况，大可对自己说："他的缺点是不懂得对别人好，我没有这个缺点，我更受朋友欢迎。"这样自我安慰可以让心情得以舒缓。

坚信自己能进步——在面对重大工作问题时，难免会心灰意冷，影响工作情绪和效率。逆境容易让人感到无力，在没有想好有效的解决办法的时候，不妨设想自己一定能有好的解决办法，鼓励自己不要沮丧。

# *21.* 控制工作中的不良情绪

有些情绪应当宣泄，有些情绪特别是不良情绪或心理则要适当控制。要控制不良情绪与心理，首先，必须承认某种情绪或心理的存在；其次，要弄清产生该种情绪或心理的原因；最后，对使人不愉快的挫折情境，要寻求适当的途径去克服或躲开它。

**理智**

人们应当以对事物的理性认识来控制个人的不良情绪或心理。当怒火中烧时，要冷静审察情势，检讨反省，以分析发怒是否合理，考虑发怒的后果，考虑有无其他更妥当的解决办法。经过如此"三思"，便能消除或缓解心中怒火，使情绪渐趋平复。具有辩证观点的人往往是比较理智的，很多表面看上去矛盾丛生的事物，如果从另外一个角度或以发展眼光去看，常常可以发现正面的积极意义。"塞翁失马，焉知非福"，坏事、好事是可以相互转化的。

**转移**

心理学研究表明，在发生情绪反应时，头脑中有一个较强的兴奋灶。此时如果另外建立一个或几个新的兴奋灶，便可抵消或冲淡原来的优势中心。当火气上涌时，有意识地转移话题或做点别的事情来分散注意力，便可使情绪得到缓解。在余怒未消时，可以用看电影电视、听音乐、下棋、打球、散步等有意义的活动，使紧张情绪松弛下来，使失衡的心理恢复平衡。有的人生气时会不停地找事做,这既是一种转移,也是一种宣泄,不失为一种行之有效的制怒方法。

幽默

幽默是精神的消毒剂，有助于人们快速适应环境。当我们陷入激动状态和被动局面时，一个得体的幽默往往可以帮助化解紧张的情绪，使窘迫尴尬的场面在谈笑中消失，使愤怒、不安的情绪得以缓解。善于幽默的人，往往以机智的头脑、渊博的学识，巧妙诙谐地揭露事物的不合理成分，既一语破的，又使人容易接受。在一些非原则问题上，则可以自我解嘲，化解矛盾。

升华

升华是指将不为社会所认可的动机或欲望导向比较崇高的方向，使其具有创造性、建设性。这是对情绪的一种较高水平的宣泄，是将情绪激起的能量引导到对人、对己、对社会都有利的方面去。遇到不公平的事情，或正确意见不被采纳时，应积极创造条件，用事实说服同事、领导和群众，以争取多数人最后统一认识。

# 22. 调节不良情绪的方法有哪些

加强个性修养是人们调节不良情绪的有效方法。为此，要从以下几个方面下功夫。

### 树立"高远"的志向

"志当存高远"。人生于世，贵有远大的抱负，高远的志向，决不能庸庸碌碌，"做一天和尚撞一天钟"，饱食终日而无所用心、无所事事。因此，要加强修养，首先要立志，立"高远"之志。所谓立志，就是要有健康的心理、远大的理想及高尚的道德情操，就是要有志于对社会做出贡献，树立坚定的信念，对生活充满信心、充满希望、充满乐趣。这是每个人的人生基石与精神支柱。有了这样的人生基石与精神支柱，个人的修养就会不断得到加强，良好而健全的人生心态就会逐步建立起来。

### 培养良好的性格品质

性格品质是人们心理品质的核心。恩格斯说过："人的性格不仅表现在他做什么，而且表现在他怎样做。""做什么"反映对现实的情绪态度；"怎样做"反映情绪行为方式，具有相对稳定性。但是，随着环境的变化，随着人自身的主观努力，性格又会不断变化与优化。我们要塑造良好的性格品质，一方面要追求高层次的个性发展目标，有意识、有目的地培养；另一方面必须认真努力，在实践中边体验，边总结，边提高。同时，还要对自己的性格有一个正确的估价和了解，经常自我反省，总结出一套适合自己特点的性格修养方法。例如，有的人善于自树学习榜样，有的人习惯于写日记及时总结，有的人喜欢针对自己的心理弱点，用条幅、座右铭、警句等进行自我控制。另外，良好的业余活动也是培养性格品质的有效途径。当然，性格品质的形成和培养有一个较长的过程。因此，我们要培养自己良好的性格品质，绝非一曝十寒所能奏效。必须从大目标着眼，从小事情入手，持之以恒。

### 在献身事业中获得乐趣

每当我们完成一件工作，轻松喜悦之情便油然而生。克服困难越多，工作成绩越显著，这种心理体验便越强烈。工作可以使人们发现自己的价值，产生成就感，并获得社会和团体的承认，因而对维护健康情绪与心理有极大的助益。

### 积极参与社会交往

人与亲属、朋友、同学、同事交往，能在情绪或心理上得到安全感，个人的苦恼、烦闷有地方倾诉，不易积存郁结。经常参加一些社会活动，不但能密切与他人的关系，不断调整、协调情绪与心态，还可以获得学习与发展的机会。

### 正确对待挫折

我们在工作中常常会受到干扰，遭到挫折，感到失意等。如果不能正确对待挫折，或者挫折超过了心理承受能力，都可能产生影响身心健康的情绪反应、心理反应，如情绪烦乱、不安、压抑、屈从等。从一定意义上讲，主体面临挫折并不可怕，可怕的是不能直面挫折、承受挫折进而不能战胜挫折。最重要的是要努力控制情绪反应，防止或减轻不良情绪对自己身心健康的影响和对别人情绪的干扰。

## 23. 合理宣泄工作中的不良情绪

心理失衡时产生的种种情绪,不能过多压抑,而要加以宣泄。研究表明,当情绪发作时,人体内潜藏着一股能量,须借情绪的发泄来加以释放,否则,积聚起来,将有害身心。如果我们的情绪表达经常受到压抑或控制,便易患身心疾病;在心理上常见的有心理紧张等。情绪上所受的抑制太多,或所受的心理压力太大,还会引起心智障碍,影响记忆、思维等心智活动的效应,导致"心智的僵固",有碍智能的发展和积极性的发挥。一个人在情绪上受到过多限制,个性通常不够开朗,而且可能不合作、不合群,甚至反群,使他在社会适应和人际关系方面大受影响。

情绪的宣泄有直接与间接两种方式。直接的宣泄就是直接针对引发情绪的刺激来表达情绪;当直接宣泄于别人或自己不利时,则可用间接宣泄让情绪找到出路。教师心中有了不平之事,可以向上级领导汇报,向组织倾诉,并接受其指导。通过自己感情的充分表露与从外界得到的反馈,增加自我认识,改变不恰当的行为。与别人闹了矛盾,需要开诚布公地与对方交换意见,消除误会,千万不要让怒气积压在心中。

对某些教师来说,多联系学生,深入实际,开展调查研究,也是消除心中郁结,宣泄情绪的好方法。这样,一方面可以倾听别人的呼声,了解第一手材料,掌握工作主动权,得心应手地开展工作，心情自然会舒畅；另一方面可以多了解学生的情况与学生学习上的困难，帮助学生解决实际问题，在这一过程中情绪也会向积极方向发展。

　　另外，不良情绪应该得到宣泄，但宣泄必须合理。要讲究时间、地点、场合宣泄，要有分寸，适可而止。乱发脾气，动辄训人，这样的宣泄方式，不但于事无补，还会影响团结，妨碍工作，因而是不可取的。

# 24. 努力化解工作中的不良情绪

工作中的不良情绪，是指人们在工作中离间同事感情、削弱工作力度、破坏自身形象、影响身心健康的消极情绪。化解这些不良情绪的方法如下。

**运动**

运动可使心率加快，促进血液循环，改善机体对氧的吸收利用，从而使人精神振奋。

**观花**

花草的颜色与气味有调节情绪的作用。青、蓝、绿色明快而幽静，可减轻人的紧张与焦虑。烦躁、愤怒时不宜看红色，沮丧、悲伤时应避免紫色、黑色。而茉莉、柠檬、玫瑰等花香可沁人心脾，调神益智。

**赏乐**

音乐可促进大脑产生更多的内啡肽，以镇静安神。当情绪不佳时，可先听两三支与自己心情相近的曲子，再逐步调节，达到自己希望获得的心情。例如，忧郁不悦时，不妨先听几段较为哀伤低沉的乐曲，然后再听些明快昂扬的旋律，能收到明显的效果。

**逗笑**

逗笑是一种令人笑口常开的欢乐艺术，它有利于调节情绪，消除身心疲劳。

**阅读**

阅读能转移人的思想，带你进入另一个天地，冲淡你的烦恼。

**游玩**

情绪忧伤苦闷时，不妨涉足户外，置身于春光明媚、青山绿水的自然景观之中，心情自然会有所好转。

# 25. 稳定工作中的激动情绪

人在情绪激动时，往往认识范围狭窄，判断能力下降，思维僵化，动作笨拙，不利于工作、学习及解决问题。另外，激动的情绪还可导致身体各器官和生理上的一系列变化，如心跳加快、血压上升、消化腺活动受阻等，对人的身心健康造成严重的影响。因此，我们必须学会控制自己的情绪，沉着地面对一切。下面介绍一种情绪的自我调节方法。

安静的小屋，高度适中，里面有舒适的坐凳。

①准备工作：请你穿着宽松柔软的衣服独自进入小屋。基本姿势：坐在凳子上，放松两肩，头稍低垂，目视前方，舒展一下身体和头部，使全身呈优美姿势。两手放在大腿上互不相碰，两脚稍微分开，使身体感到舒适。

②训练工作：开始时，两臂、两腿用力伸展，两手、两脚同时用力，使之略有颤抖的感觉。猛地一下子松劲，全身的肌肉会立刻松弛下来。练习时要体会和抓住这个感觉。接下来，闭上双眼，重复一遍动作。在松劲的一瞬间开始做腹式深呼吸，吐尽腹中气息，停止呼吸片刻，再从鼻孔慢慢吸入新鲜空气，直至吸饱为止。此刻停止呼吸 1～2 秒。再张口收腹，慢慢将腹内气息全部吐尽。腹式深呼吸做完后，呼吸平缓下来，头脑里静静地浮现出愉快的形象（形象在练习之前就要选好，这个形象应该与自己最美好的经历和感受相联系）。在愉快形象浮现

112

的同时，随着呼吸，对自己说几遍："我的心里很平静。"这时，你会发现自己的情绪逐渐稳定下来。

③每次调节时间以 $10 \sim 15$ 分钟为宜。最好在早起、午饭后和睡觉前进行。掌握训练要领之后，情绪波动时就可以用这种方法进行自我调节。

# 26. 正视工作中的困难

人在特定的生产、工作、学习、生活等实践中，往往会遇到有形或无形、巨大或一般、一种或多种、短时间或长时期的困难。这是正常的也是必然的。但是，我们必须以积极的心态了解它、认识它、正视它。

困难既有有利的一面，也有不利的一面。不利的一面是，它常常制约、阻碍着人们或事物向良性方向、成功目标发展。困难的出现或存在，往往会使人们的事业或人生遭受不同程度的挫折，增加成功的难度。这是人们熟知的一面。

然而，困难也有有利的一面，这一点却常常被人们所忽视。首先，困难可以使人们冷静头脑，清醒认识。其次，困难可以使我们早日发现问题。人之所以身处困难或困境之中，往往是因为出现了或存在着问题。此时，问题充分暴露出来，便于自我发现，并有助于想出对策加以解决。最后，困难可以检验一个人的品质。如果一个人敢于直面困难，积极主动地寻求克服困难的办法，那么他有更多的机会获得成功；如果一个人被困难吓倒，灰心丧气，无所作为，那么他将一事无成。

成功者都是以积极的心态正视困难，乐观地面对困难。多一些快乐，少一些烦恼，你会惊奇地发现，这不仅会使你的工作与生活充满乐趣，还会让你获得幸福。你还会发现，自己成了一个更优秀、更完美的人。你会轻松地面对困难，保持自己心灵的和谐。而有的人却因为遇到困难而痛苦，失去了心灵的和谐。

# 27. 坦然面对工作中的挫折

当失误、失利、失败、失意等种种挫折出现后，你必须坦然面对它，平静地对待它。这是经受挫折考验的有效方法。

首先，工作中的挫折是不可避免的。任何人在工作中都会不可避免地碰到坎坷、失败之类的挫折。越是卓有成就者，越是杰出成功者，经历的挫折可能越多。因为，远大奋斗目标的实现，重大人生成功的打造，必然要经历漫长的奋斗与磨炼过程。其间，出现与面临各种各样的挫折便是情理之中的事了。

其次，工作中的挫折并不意味着失败。虽然，在工作中，难免遇到各种挫折，但是，这并不意味着工作失去了意义。人生中没有失败，失败只不过是暂时停止成功。对于一个不屈不挠的人来说，永远没有失败这回事。

最后，工作中的挫折考验人生。诚然，挫折是每个人都想竭力避免的，是不受欢迎的；然而，它的到来，却又是对人的严峻且非常必要的考验。它是对人思想素质、心理素质特别是信念、意志的重大考验。只有经受住了它的考验，才能迈向成功，获得成功。

因此，在挫折面前，你必须坦然面对，平静面对。

# 28. 工作受挫后怎样保持健康的心态

挫折是指个体在满足需要的活动过程中，遇到阻碍和干扰，使个体动机不能实现，个人需要不能满足。在生活中，每个人都可能遭遇挫折。面对困难和挫折，许多人常常会痛苦、自卑、怨恨，失去希望和信心。

受挫后的心理失衡，不仅影响人的工作、生活，还严重影响人的健康。长久的心理失衡，可能会引起各种疾病。为了避免受挫后消极心理的产生，现提供如下几种心理对策。

### 倾诉法

倾诉法也叫发泄法，即将自己的心理痛苦向他人倾诉。受挫后如果把失望焦虑的情绪封锁在心里，会形成一种失控力，它可能会摧毁肌体的正常机能。适度倾诉可以将失控力随着语言的倾诉逐步转化出去。倾诉作为一种自我疗愈方式，既无副作用，效果也较好，如果倾诉对象具有较高的学识修养和实践经验，将会对失衡者的心理给予适当抚慰，不断汲取奋进的勇气，失衡者会在一番倾谈之后收到意想不到的效果。

### 优势比较法

受挫后有时难于找到适当的倾诉对象以诉衷肠，便需要自己设法平衡心理。优势比较法要求首先去想那些比自己受挫更大、困难更多、处境更差的人。通过挫折程度比较，将自己的失控情绪逐步转化为平心静气。其次，找出自己的优势点，强

117

化优势感，从而提高挫折承受力，认识事物相互转化的辩证法。挫折同样蕴含力量，挫折不仅能激发潜力，还能挖掘自身潜力。

**目标法**

挫折会干扰自己原有的生活，毁灭自己原有的目标，为此只能重新寻找方向，确立新的目标，这就是目标法。目标的确立，需要经过分析和思考，这是一个将消极心理转向理智思索的过程。目标一旦确立，犹如心中点亮了一盏明灯，人就会生出调节和支配自己新行动的信念和意志力，去努力采取达到目标的行动。目标的确立是人内部意识向外部动作转化的中介，是主观见之于客观，认识向实践飞跃的起始阶段。目标的确立标志着人已经开始了下一步争取新的成功的历程。目标法既可以抑制和阻止人们不符合目标的心理和行动，又可以激发和推动人们去从事达到目标所必需的行动，从而鼓起人们战胜困难的勇气。

# 第四章

## 勤奋敬业，快乐工作

# 1. 勤奋是检验工作的试金石

一个人即使没有一流的能力，但是一定要有勤奋踏实的工作态度；一个人即使能力无人能比，如果没有基本的职业道德，就一定会被社会淘汰。

世界上到处都是一些看起来很有希望成功的人——在很多人的眼里，他们能够成为而且应该成为各种非凡人物，但是，他们最终并没有成功，原因何在？

一个最重要的原因在于他们不愿意付出与成功相应的努力而习惯于投机取巧。他们希望获得理想的成绩，却不愿意经历艰难的过程；他们渴望取得胜利，却不愿意为之努力。投机取巧是很多人的普遍的心态，而成功者之所以成功的秘诀就在于他们能够超越这种心态。

在工作中投机取巧也许能让你获得一时的便利，但却可能埋下隐患，从工作的长远发展来看，是百害而无一利的。投机取巧只能令你日益堕落，只有勤奋踏实、尽心尽力地工作才能给你带来真正的幸福和快乐，才能助你成功。无论事情大小，如果总是试图投机取巧，可能表面上看来会节约一些时间和精力，但事实往往是浪费更多的时间、精力和财富。

一旦养成投机取巧的习惯，一个人的品格就会大打折扣。做事不能善始善终、尽心尽力的人，因为他们没有培养自己的个性，意志无法坚定，因此无法实现自己的任何追求。一面贪图享乐，一面又想取得成功，自以为可以左右逢源的人，不但得不到想要的东西，还会变得焦躁，后悔不已。

从某种意义上说，在一个方向上一丝不苟，比草率分心、在多个方向发展可取。因为做事一丝不苟能够迅速培养品格、获得智慧，加速进步与成长，尤其是它能带领人往好的方向前进，鼓舞人不断追求进步。

在工作中，许多人都会有很好的想法，但只有那些在艰苦探索的过程中付出辛勤劳动的人，才有可能取得令人瞩目的成果。同样，学校的正常运转需要每一位教师付出努力，勤奋刻苦在这个时候显得尤其重要，而教师的勤奋的态度会为教师的前程发展铺平道路。

命运掌握在勤勤恳恳工作的人手上，所谓的成功正是这些人的智慧和勤劳的结果。而实干也会在日积月累中弥补自身的劣势。

勤奋敬业的精神是走向成功的基础，它更像一个助推器，把勤奋的人推向成功。如果有一天你成功了，你可以自豪地对自己说："这是我刻苦努力的结果。"

与之相反，懒惰是成功的天敌。你可以问自己：我能不能够靠自己生存下去？认真地问自己，不要给自己放宽条件。

成功者都有一个共同的特点——勤奋。在这个世界上，投机取巧是永远都不会走向成功之路的，偷懒是无法帮助你摆脱困境的。

## 2. 勤奋是成为优秀教师的基础

　　一个永远勤奋而且尽职尽责的人，将会得到周围人的赞许，同时也会为自己赢得一份重要的财富——自信，你会发现自己的才能足够赢得他人甚至学校的器重。

　　一个懒惰的人只会看到事物的表面现象，看到别人获得了财富，他会认为这不过是别人比自己更幸运罢了，看到别人比自己更有学识和才能，则说那是因为自己的天资不如别人。懒惰的人总是想把头一天的工作拖延到第二天，这种工作习惯让任何人都无法对他产生信任。对一个渴望取得成功的人来说，拖延会让你裹足不前。

　　优秀的教师必须改正拖延这一不良习惯，要知道这种不良习惯正在一点一点地毁掉你的人生。教师应成为一个勤奋的人，养成主动工作的习惯，明确自己的工作任务并努力把它做好，争做一位优秀的教师。

# 3. 只有踏实工作才有远大前程

生活中，我们都有这样的经验，当你站在沙滩上的时候，无论你使多大的劲，总没有你在结实的路面上跳得高、跳得远。其实，做工作也是如此，如果你好高骛远，不能踏踏实实地做好平凡的工作，也就等于没有为自己的进步打下坚实的基础。

无论做什么事、担任什么职位，我们都要脚踏实地、全力以赴，这样会使你越发能干，同时你的心智也会成长，可以追求更大的成功。

有人会说："这份工作不值得我做。我这么聪明能干的人不应该做这份工作。"如果你轻视现有的职位，不肯脚踏实地、全力以赴，或者对现在的工作不满，并且毫不掩饰地在工作中发泄自己的情绪。最后，终究会失去这份工作。

好高骛远的人常常会犯的错误是，不想经历过程而只想直奔终点，舍弃细小而直达广大，跳过近前而直达远方。心性高傲、目标远大固然不错，但有了目标，还要为目标付出努力，如果你只空怀大志，而不愿为理想的实现付出辛勤劳动，那"理想"永远只能是空中楼阁。

不能脚踏实地的人总会有一些不切实际的想法，既脱离现实，又脱离自身，总是这也看不惯，那也看不惯，或者以为周围的一切都与他为难，或者不屑于周围的一切，不能正视

123

自身。

　　脱离了现实便只能生活在虚幻之中，脱离了自身便只能见到一个无限夸大的目标。不能脚踏实地工作，就无法完成自己定下的目标，就不会有一个远大的前程。

# 4.把敬重工作当成习惯

提到关于工作态度的问题，我们最常听到的一个词就是"敬业"。什么是"敬业"呢？

所谓"敬业"，就是不仅要敬重自己所从事的工作，也要把工作当成自己的事业，要具备一定的使命感和道德感。敬业的人能从工作中学到比别人更多的经验，而这些经验便是敬业的人向上发展的踏脚石，即使以后换了工作，从事不同的行业，敬业精神也必会为你带来助力。因此,把敬重工作当成习惯的人，从事任何行业都容易成功。

把敬重工作当成习惯之后，或许不能立即为你带来可观的收入，但可以肯定的是，当"不敬业"成为一种习惯时，做任何事都会"随便做一做"，其结果可想而知。

一个不敬重自己工作的教师，他绝不可能珍惜自己的工作机会；一个不认真对待工作的教师，他的工作肯定做不好。

# 5. 勤奋钻研成为专家

与其他有能力做这件事的人相比，如果你能做得更好，那么你就会更加优秀。

许多人都曾为一个问题而困惑不解：明明自己比他人更有能力，但是成绩却远远落后于他人？不要疑惑，不要抱怨，而应该先问问自己一些问题：

自己是否像画家仔细研究画布一样，仔细钻研过职业领域的各个细节问题？

为了拓展自己的知识面，或者为自己工作的单位创造更多的价值，你认真阅读过与工作岗位相关的专业方面的书籍吗？

如果你对这些问题无法做出肯定的回答，那么这就是你无法取胜的原因。

无论从事什么职业，都应该了解与职业相关的所有内容。勤于钻研，下决心掌握自己职业领域的所有问题，使自己变得比他人更强。如果你能够精通工作中的全部业务，就能赢得良好的声誉，也就拥有了一种脱颖而出的秘密武器，也就在自己工作的领域具备了一定的优势。

要想成为所从事领域的专家，首先要选定适合自己的行业，一旦选定了这个行业，就要勤于钻研，积极学习这一行业中的各种知识，朝着既定的目标迈进。此外，在本行业获得了一定成绩之后，在时刻关注行业发展趋势的同时，不断提高自己，使自己成为一名优秀的"专家"。

# 6.虔诚对待自己的职业

由于能力、经验、经济条件等方面的原因，很多人并不能马上就找到自己喜欢的工作，但是，只要你开始了一份工作，就要以虔敬的心态对待这份职业。即使你想要从事其他的职业，但是你一定要以欢快和乐意的态度接受目前的工作，以虔敬和认真的态度完成自己的工作任务，所以不仅要"爱一行，干一行"，还要"干一行，爱一行"。因为当前的工作能够为你选择更适合自己的工作做好铺垫，所以一旦你决定要从事某种职业，或者你一旦在从事某种职业，就要立即打起精神，不断地勉励自己、激励自己，不断地向前迈进，一定能够实现自己的目标。

# 7. 在工作中不断自我激励

自信是成功的前提,自信是成功的重要精神支柱。有了自信,平凡的人也能做出不平凡的事业;如果没有自信,即使有出众的才华和过人的天赋也于事无补。自信是一位优秀教师必须具备的素质,一定要让它扎根在灵魂的深处,跟随自己的心脏和血液一起跳动和流淌。

如果你缺乏自信,认为自己任何事情都做不成,就无法全力以赴并出色地完成任务,这种消极的心理会让一个人产生自我怀疑。

如果你缺乏自信,事事谨小慎微,没有勇气按自己的意志行事,事事征询别人的意见,那么你就会变得无所适从。

如果你缺乏自信,没有勇气表现自己的能力,没有勇气表达自己的意见,那么你就无法脱颖而出。

所以,人生需要自信,要有"天生我才必有用"的信心和豪情。要相信自己能够自强不息,能够自动自发。

自信是一种心境,自信的人不会轻易变得消沉沮丧。而不自信的人在遇到困难时,总是会否定自己的能力,轻易放弃克服困难的机会。所以,在很多时候,打败自己的,不是外在环境,而是自己。

自信赢得成功。相信自己,就是相信自己的优势,相信自己的能力。对自己充满自信的人,可以化渺小为伟大,化平庸为神奇，并且深信自己能够实现梦想，从而让自己变得更加强大。

　　人的自信是一种内在的东西，需要由个人来把握和证实。所以，在建立自信的过程中，一定要学会自我激励。自我激励的办法之一是运用临时性的激励办法。比如，在你遇到重要的事情需要鼓起勇气来面对时，你可以对自己说："我拥有无穷的智慧和力量，没有能难倒我的事情。"这样可以增强自己内在的信心，激发自己内在的力量，从而进行有效的自我激励。当然，这种激励方式只是一种临时的办法，要想获得持久的自信，需要不断地激励自己，催人奋进。所以，学会自我激励，就要对自己充满信心，并具有主宰自我的意志与习惯，即使面对逆境，也能泰然自若。

　　自我激励对学校和教师的益处并不只表现在教师相互间的心理状态上，更重要的是自我激励可以令教师一往无前去实现哪怕很难达到的目标。

　　自我激励对于实现目标有莫大的作用，对于所有的教师，自我激励都是十分必要的。从本质上来说，自我激励源于期望。当人们有了某种需要，就会引发人们用行动去实现目标，以满足需要。当目标还没有实现的时候，这种需要就成为一种期望。期望本身就是一种激励力量，推动其行为向着能满足这种需要的目标努力。但是，只有当人们认识到所要追求的目标是有价值的，并且觉得经过努力能够达到这个目标时，才会促使他们去实现目标。因此，目标激励的力量取决于效价和期望概率这两个因素。公式为：

### 激励力量 = 效价 × 期望概率

如果你是管理者，应当认真研究目标价值（效价），帮助教师设置合理目标。任何人的行为，都是为了达到某一目标以满足需要。目标本身就是一种激励力量，通过合理设置目标，可以激发人的动机，规定和引导人的行为方向，从而使人把动机和行为与组织目标联系起来，以调动和激发人的积极性。

目标要和个人的实际需要相联系。不同的人，往往有不同的需要和不同的目标。同一个目标，对于不同的人具有不同的价值。因此，设置目标要考虑个人的需要，并要加强宣传教育，使人们认识到目标的意义。

优秀的教师总是能对学生怀有很高的期望，努力达到预想结果。如果你认为通过努力有能力达到目标，即主观上认为达到目标的期望概率越高，就会越有信心、有决心，因而激发出强大的力量。但如果你认为目标高不可攀，可望不可及，或者目标太低，唾手可得，就会失去激励作用。

# 8. 投入和奉献是实现愿景的前提

"共同愿景"不只是一句口号，它需要我们每个人为之努力，为之奉献。奉献是实现"共同愿景"必备的条件。

为"共同愿景"奉献的人全身充满了能量与热情，他们会为了"共同愿景"的实现尽一切可能。他们不会墨守成规，而是设法达成"愿景"，能完成原本不可能完成的事情。但在组织中，大多数的人仍在遵从的状态，依照别人的要求做事情，他们对愿景都有某种程度的支持，但并非全力地投入或奉献。

其实，从工作中的行为表现来看，是很难区分谁是真正遵从或谁是投入或奉献。各种不同程度的遵从，其间的差异很难察觉。然而，遵从与奉献之间还是有很大差别的，奉献的人全身带着一股能量、热情与兴奋，这是无论哪一个层次的遵从都无法产生的。奉献的人不会只是墨守游戏规则，他们会对这个游戏负责，如果游戏的规则妨碍他们达成愿景，他们会设法改变规则。当一个组织的所有成员真正奉献于一个共同愿景时，将会产生一种惊人的力量，他们能完成原本不可能完成的事情。然而，遗憾的是，传统的组织并不在乎人们是否真正地投入或奉献，整个指挥与控制的组织层次只要求遵从。今天的许多管理者仍在思索如何"管理"投入与奉献，而这样做最多只能使人们在遵从的阶梯上再往上爬一层而已。

从"遵从"到"奉献"存在着一个"心智模式"根本转变

的跳跃，这要求：

观念认识上的转变，区别"遵从"到"奉献"。

组织机构上的转变，从传统组织中只要求"遵从""服从"和对"奉献""投入"的管理、约束，转变为发展新的愿景与鼓励主动全身心投入的精神。

一个人对某件事的"投入"和"奉献"源于他对愿景的真正热忱，要使别人对此事投入，作为领导者必须做到以下几点：

身体力行，自己必须投入。只有自己做到了投入与奉献，才能鼓励、要求别人也投入。强迫"推销"愿景难以获得他人诚心的投入，只能产生形式上的服从，做不好甚至会让人以为你别有企图，产生不满情绪。

简单、诚实而中肯地捕述愿景。对愿景的捕述要尽可能地简单、诚实、中肯，要勇于面对现状，如果夸大好的一面，回避、隐藏有问题的一面，只会引起反感。

尊重他人意愿，让别人自由选择。领导者不必去说服别人关于接受共同愿景的好处，当劝服别人投入与奉献时，反而常常会被视为企图左右他人，而阻碍别人真正的投入。领导者越让人自由选择，他们反而越加投入，发展自己的愿景。

从遵从开始，逐步引导。如果我们一开始就要求别人投入与奉献，往往效果甚微。所以，领导者不妨从遵从开始，然后再慢慢引导到投入与奉献，给选择者以充分的时间度与空间度去考虑和发展自己的愿景，使他们产生一种安全感，然后逐步改善自己的心智模式。

# 9. 在工作中不找任何借口

对学校来说，要提升竞争力，教师首先必须做好本职工作。"不找任何借口，做好本职工作"，强调的是每一位教师要想办法去完成工作任务，而不是为没有完成任务寻找借口，哪怕是看似合理的借口，这是最起码、最基本的团队精神。一位优秀教师的身上应体现出一种负责、敬业的精神，一种完美的执行能力。

要脱离平凡，使自己变得卓越，就要保持一颗积极、绝不轻易放弃的心，尽量发掘出周围人或事物美好的一面，从中寻求正面的看法，让自己有超越自我的动力。即使失败了，也能保持平常心，能及时汲取教训，把失败视为向目标前进的踏脚石，而不要让借口成为成功路上的绊脚石！

不寻找借口，就是敢于承担责任；不寻找借口，就是永不放弃；不寻找借口，就是锐意进取……所以，要成为一位优秀的教师，千万不要在工作中找借口！应把时间和精力用到工作中来，因为工作中没有借口，人生中没有借口，失败没有借口，成功属于那些不寻找借口的人！

美国总统杜鲁门有一句著名的座右铭："责任到此，请勿推辞！"每一位优秀的教师都应记住这句话，不管出现什么样的情况，不找任何借口，把本职工作做好。

服从是敬业精神的具体体现，敬业是团队精神的具体体现。

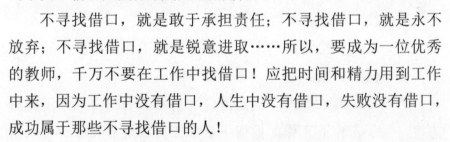

只有具有团队精神的人，才能在竞争激烈的现代学校中不会被淘汰出局并谋得发展。对那些在工作中推三阻四，整日抱怨，寻找种种借口为自己开脱的人；对那些不愿意去更好地满足顾客的要求，不想力争超出客户预期提供服务的人；对那些没有激情，总是推卸责任，不知道自我批评的人；对那些不服从上级指示，不能按期完成自己的本职工作的人；对那些总是挑三拣四，对自己的学校、领导、工作不满意的人，我们都应该大声而严肃、斩钉截铁地告诉他：记住，这是你的工作！

许多学校都努力把自己的教师培养成对待工作有主动精神的人。工作主动负责、自动自发的教师，会勇于负责，有独立思考能力。他们不会像机器一样，别人吩咐做什么他就做什么，而会发挥创意，出色地完成任务。而不能自动自发工作的教师，则会告诉自己，领导没有让我做的事，我又何必插手呢？又没有额外的奖励！这两种不同的想法会明显地出现不同的工作表现。

在学校里有三种很典型的教师：

第一种，完全被动的人，被动地对待工作，不会主动地承担责任和做出贡献。

第二种，麻木的人。他们抱着为获得可观的收入而工作的态度，为了工作而工作。他们不是学校可以依靠和领导可以信赖的教师，也不是优秀的教师。

第三种，完美地体现了工作的哲学：自动自发，自我激励，视工作为快乐。相信这样的工作哲学，是每一个团队都乐于接纳的。持有这种工作态度的教师，是每一个学校所追求和寻找的教师，他所在的学校也会给他最大的回报。

优秀的教师都懂得，如果想登上成功的阶梯，就要永远保持主动、率先的精神去为团队工作，自觉而且出色地做好自己的事情，这是团队最需要的一种精神，也是团队精神的内容之一。自动自发、积极主动的人会给团队带来活力，给学校带来激情，能得到学校的器重，同时他们自己也能从中得到满足。

# 10. 以坚韧的意志克服困难

实现理想，达成目标，无疑是大多数人梦寐以求的。但要达到目标并非易事，要付出艰辛的劳作，更需要有坚韧的意志和不达目的誓不罢休的决心。

坚韧包括"坚"和"韧"。"坚"是"坚定"之意，指的是你能坚守目标，专心致志并保持平衡的心态，努力不懈直到达成你想成为的人、做成你想做的事。"韧"指的是长时间坚持的意志，包括忍辱负重，像越王勾践那样韬光养晦，渐渐积蓄力量，等待时机成熟，再跃然而起，一举取胜。这两种意志合起来就是"坚韧"。

坚韧的意志指具备挫折忍耐力、压力忍受力、自我控制力和意志力等。有韧性能够在艰苦的、不利的情况下，克服外部和自身的困难，坚持完成任务，在比较大的压力下坚持目标和自己的信念。

现实与目标之间有一段很长的距离，而实现目标之路从来就不是一条坦途，它崎岖不平，充满坎坷，在整个过程中，人无时无刻不经受着各种挑战，也包括各种诱惑，于是有些人半途而废，有些人偏离方向。

具有坚韧意志的人能够经受挫折，一旦你具备了坚韧的个性，即使没有受到领导的青睐，也不会觉得沮丧。坚韧能鼓励自己产生无穷的力量，以超乎常人的耐心和毅力征服一切。

　　坚韧的意志表现为一种对目标的坚持，无论遇到多大的困难，仍千方百计完成。作为教师，如何培养这种坚韧的品格呢？很简单，只要你确定自己的工作目标和计划，并且投入你的热忱，不要害怕挫折与漫长的工作时间，以及烦琐的工作细节。这也是你走向成功的途径。

　　唯有坚韧不拔的决心，才能战胜困难。放弃必然导致彻底的失败，不但迫在眉睫的问题不能得到及时的解决，更会导致人格的残缺。放弃容易使人形成一种失败的心理，这种失败的心理会蒙蔽人的心灵，以后一旦遇到挫折，放弃就成了一个理所当然的选择。坚持也只是无谓的浪费时间和精力。这样就形成一个恶性循环，即从失败走向失败。

　　所以，一个人对待困难的态度决定了自己的成就，又决定了其他人对自己的看法。做事三心二意、缺乏韧性和毅力的人，没有人愿意信任和支持他，别人会为这种人贴上"失败者"的标签。这样的人，永远无法赢得别人的尊重，当然也无法赢得自己的尊重。要撕掉"失败者"的标签，只有培养自己顽强的意志力。有了意志力，你会实现每一个目标，而且马上就会重新获得别人的信任，因为大家往往信任那些意志坚定的人。

　　在坚韧的意志面前，机智和技巧黯然失色。机智和技巧可以使你暂时脱离困境，但是并不能保证以后陷入同样的困境时你仍然能全身而退。相反，坚韧的意志能克服一切困难。有了坚韧的意志，不但这一次的问题能迎刃而解，而且也不会再惧怕以后遇到的困难，更重要的是还能为自己赢得宝贵的人生财富——良好的声誉。

　　而另外一些人，当困难来临的时候，总是感到犹豫、慌乱、恐惧，甚至逃避。正是这种对待困难的推诿态度，让他们一次又一次地品尝失败的滋味。他们只梦想着成功，却从来没想过自己为什么失败，他们像受惊的小鹿一样尽力避开问题，可是每次都会发现自己又遇到了问题。在生活与工作中，很多问题是绕不开的，如果没有坚强的意志面对和解决它们，那么你一生都会与这些问题相伴。

## *11.* 只有行动才能创造成功

不管现在决定做什么事，不管设定了多少目标，我们一定要立刻行动，唯有行动才能成功。

成功人士眼中，思想与行动同等重要。如果你每天都在想着做什么，而不付诸实际行动，那只能是空想，永远也不会成功。

人有两种能力，即思维能力和行动能力，没有达到自己的目标，往往不是因为思维能力，而是因为行动能力。

克雷洛夫说："现实是此岸，理想是彼岸，中间隔着湍急的河流，行动则是架在河上的桥梁。"行动才会产生结果，行动是成功的保证。任何伟大的目标，伟大的计划，最终必然落实到行动上。

拿破仑说："想得好是聪明，计划得好更聪明，做得好是最聪明又最好。"

成功开始于心态，成功要有明确的目标，这都没有错，但这只相当于给你的赛车加满了油，弄清了前进的方向和线路，要抵达目的地，还得把车开动起来，并保持足够的动力。

永远是你采取了多少行动让你更成功，而不是你知道多少。所有的知识必须化为行动。不管你现在决定做什么事，不管你设定了多少目标，你一定要立刻行动，唯有行动才能使你成功。

# *12.* 培养热忱主动的工作作风

拉封丹指出："无论做任何事情，都应遵循的原则是：追求高层次。你是第一流的，你应该有第一流的选择，在工作中加入'热情'。"

凡事都显得漠不关心，就连对自己的人生难关也会漠不关心，这种情形对于如此优秀的你，如果以如此消极的态度来对待人生，这是绝对不能宽恕的。年轻人应该有非同寻常的志趣，有比别人更突出、更坚韧的意志，凡事要灵活、敏捷、主动。

热忱是一种工作的精神特质，代表一种积极工作的精神力量，这种力量不是一成不变的，而是不稳定的。不同的教师，热忱程度与表达方式不一样；同一个教师，在不同情况下，热忱程度与表达方式也不一样。但总的来说，热忱是人人具有的，善加利用，可以使之转化为巨大的能量。

在工作中，要想比别的教师更突出，必须保持一股工作的热忱，让你的热忱加油站时刻充盈。所谓热忱加油站，就是在心理中枢系统经常不断地激发兴奋神经，把心理因素转化成工作热忱。当然，这并不是让你担于热忱，而是去补充热忱，从而起到加油站的作用。像没有汽车加油站，汽车就不能跑长途一样，热忱不去补充，工作也不能维持长久。只有当热忱发自内心，又表现为一种强大的精神力量时，才能征服自身与环境，创造出优异的工作业绩，使你在激烈的竞争中立于不败之地。

当你最初接触一项工作的时候，由于陌生而产生新奇，于是你千方百计地了解、熟悉工作，想干好工作，这主要是你主动探索事物秘密的心理在职业生涯中的反应。当你一旦熟悉了工作性质和程序，日常习惯代替了新奇感，使你产生懈怠的心理和情绪，就容易故步自封而不求进取。这种主观的心理变化表现出来，也就是情绪的变化。同样一份工作，同样由你来干，有热忱和没有热忱，效果是截然不同的，前者使你变得有活力，工作干得有声有色，创造出许多业绩，使领导对你刮目相看。而后者，使你变得懒散，对工作冷漠处之，当然就不会有什么发明创造，潜在能力也无所发挥。你不关心工作，领导也不会关心你；你自己垂头丧气，领导自然对你丧失信心。可见，培养职业热忱对工作至关重要。

你要时刻告诉自己，你做的事情正是自己最喜欢的，然后积极主动地去做，使自己感到对现在的职业已很满足。还有，你要表现热忱，告诉别人你的工作状况，让他们知道你为什么对这项职业感兴趣。

对于熟悉的工作和简单的工作，你都不可掉以轻心，都不可没有热忱。如果一时没有焕发出热忱，那么就强迫自己采取一些行动，久而久之，你就会逐渐变得热忱而主动。

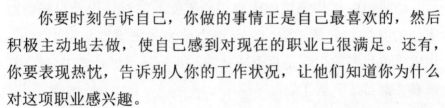

# *13.* 自动自发地工作

　　许多教师，他们的工作大多是茫然的。他们每天在茫然中上班、下班，到了固定的日子领到自己的薪水，高兴一番或者抱怨一番之后，仍然茫然地去上班、下班……他们从不思索关于工作的问题：什么是工作？工作是为什么？可以想象，他们只是被动地应付工作，为了工作而工作，不可能在工作中投入自己全部的热情和智慧。他们只是在机械地完成任务，而不是去创造性地、自动自发地工作。

　　当我们的工作依然被无意识所支配的时候，很难说我们对工作的热情、智慧、信仰、创造力被最大限度地激发出来了，也很难说我们的工作是卓有成效的。我们只不过是在"过日子"或者"混日子"罢了。

　　卓有成效和积极主动的人，他们总是在工作中付出双倍甚至更多的智慧、热情、信仰、想象力和创造力，而失败者和消极被动的人，却将这些深深地埋藏起来，他们有的只是逃避、指责和抱怨。

　　对每一个学校和领导而言，他们需要的绝不是那种仅仅遵守纪律、循规蹈矩，却缺乏热情和责任感，不能够积极主动、自动自发工作的教师。

　　工作不是一个关于什么事和得什么报酬的问题，而是一个关于生命的问题。工作就是自动自发，工作就是付出努力。正是为了成就什么或获得什么，我们才专注于工作，并付出精力。

随时准备把握机会，展现超乎他人要求的工作表现。知道自己工作的意义和责任，并永远保持一种自动自发的工作态度，为自己的行为负责，这是那些脱颖而出的教师和凡事得过且过的教师最根本的区别。

明白了这个道理，并重新审视我们的工作，工作就不再成为一种负担，即使是最平凡的工作也会变得意义非凡。在各种各样的工作中，当我们发现那些需要做的事情——哪怕并不是分内的事的时候，也就意味着我们发现了超越他人的机会。因为在自动自发地工作的背后，需要你付出的是比别人多得多的智慧、热情、责任、想象和创造力。

每个领导都希望教师能主动工作，带着思考工作。对于发个指令，按动按钮，才会动一动的"电脑"教师，没有人会欣赏，更没有领导愿意接受。在职场中，这类只知机械守成工作的"应声虫"，是很难得到赏识的。

# *14.* 主动地去做"苦差事"

在你的周围，有些工作是每个人都不想做的"讨厌的工作"，大家对这样的"苦差事"持有唯恐避之不及的态度。但是工作总是要有人来做，在这种情况下，如果你主动去做这些没有人愿意做的工作会如何呢？这不但能赢得同事的尊敬，更能够得到领导的认同和赏识。有时候甚至还会让领导对你心存感激："多亏了你的帮忙。"

这是你展露才能、勇气和责任心的大好机会。有时候，即使你有这一份心，也未必有这样的差事让你做。所以，碰到这样自我表现的机会时，不要有一丝一毫的勉强，要心存感谢。当然，这样做需要有相应的心理准备。因为这一类的工作，大都是非常辛苦而且吃力不讨好的，即使你付出了全部的心力，也不一定能达到效果。即使如此，你还是应该全力以赴地去完成。

事实上，这一类工作往往更能激发人的斗志。能够从这样的工作中找到乐趣的人，大多是能够得到领导赏识的人。他们不抱怨工作，因为他们坚信只要付出肯定会有回报，而且付出与回报是成正比的。

当然，谁都难免会碰到徒劳无功的情形，然而，唯有经历过辛苦的人，才知道心存感激，也因而了解谦虚的必要性。我们每个人都有饿肚子的体会，越是饥肠辘辘的时候，愈能够体会出食物的重要性。这就像是唯有经历过病痛折磨的人，才能够深刻地体会出健康的重要性。同样的道理，唯有经历过逆境的人，才知道苦尽甘来的乐趣。

"塞翁失马，焉知非福"。人生路途是很漫长的，从眼前分析来看或许所有的努力都是徒劳无功的，甚至是"瞎忙活"，但日后说不定就会有意外的收获。相反的，眼前看起来很光艳耀眼的事，或许很快就褪色而变成了食之无味、弃之可惜的"鸡肋"。

所以，如果你认为做别人不愿做的事就会吃亏，因而与其他人一样排斥这个工作，那你就和其他人一样，永远也不可能脱颖而出。如果你能够主动接受别人所不愿意接受的工作，并能够从中体会到无穷的乐趣，你就能够克服困难，达到他人所无法达到的境界，获得他人所永远得不到的丰厚回报——领导的器重。

# 15. 克服惰性并积极上进

惰性会把一个很有潜力的天才变成一个没有作为的人。但你切莫悲观地认为你身上的惰性比别人多，以至痛苦万分。即使伟大的人也有惰性，只是他们会很好地控制、打败它，因为他们有坚定的信念。在坚定的信念面前，惰性就会化为乌有。

那么，如何才能更好地打败惰性呢？

### 明确生活的目标

在很多情况下，当我们不知道今天是为了什么而活的时候，惰性就会占据上风。当你有了目标以后，每天就会很充实。当然，目标不能太远、太大，要切实可行，而且要特别留心在达到一个目标以后要立即设定第二个目标。人很容易在达到目标之后自我满足，失去追求进而被惰性所俘。总之一句话，不要让自己闲着，要不断地找事做。

### 制订详细的计划

在明确目标的基础上，合理安排时间制订详细的计划。计划要有整体计划、阶段计划，最重要的是每日计划。计划要根据实际情况不断修正，如果觉得有些目标不符合实际，不妨重新制订。

### 养成立即行动的习惯

计划制订好后要立即行动，最重要的是在行动开始时，不要让自己的思维陷入矛盾中。

### 不断地寻找动力

在计划之初,肯定是干劲十足,但一段时间以后会容易松懈。我们必须不断地寻找新的动力。只要你勤思考,会发现很多适合自己的创造动力的方法。你可以读一读名人传记,找朋友谈谈心,也可以到大城市去看一看,不断地为实施自己的计划寻找动力。当然最容易做的是在显著的地方贴座右铭,时刻提醒自己。

### 找一个好环境

如果你的生活环境不是很催人上进,那就试着换个环境。如果一个人能更好地实行计划,那就一个人呆着。如果觉得和几个很上进的朋友在一起能更好地刺激自己,那就多花时间和他们在一起。只要觉得环境不适合,那就别犹豫,换个环境或许会大有成效。

第五章

合作共事，快乐工作

# 1. "团结努力"有哪些重要因素

合作是所有组合式努力的开始。一群人为了达到某一特定目标而联合在一起。戴尔·卡耐基把这种合作称之为"团结努力"。"团结努力"的过程中最重要的三项因素是：专心、合作、协调。

以律师事务所为例，如果一家律师事务所只拥有一种类型的思想，那么，它的发展将受到很大的限制，即使它拥有众多法律专业的人才，也是如此。错综复杂的法律制度，需要各种不同的才能，这不是单独一个人所能提供的。因此，只是把人组织起来，并不一定能取得杰出的成就。一个良好的组织中，每一个人都要能够提供这个团体其他成员所未拥有的特殊才能。

一个组织良好的律师事务所必须拥有以下人才：具有为各种案子做好准备工作的特殊才能者；具有规划能力的人，他能够把法律条文与证据同时纳入一个很好的计划。我们若再进一步分析，将会发现，有多种不同的案子，需要各种不同的专门人才来处理。例如，一位专门研究公司法的律师，可能对处理刑事案件就会感到很陌生。

又如，在商业范围，至少需要以下三类人才——采购员、销售员及熟悉财务的人员。当这三类人才互相协调，并进行合作之后，他们将经由合作的方式，而使他们自己获得个人所无法拥有的强大力量。

# 2. 主动地与他人合作

作为教师，要时刻谨记：团队的力量永远高于个人！你要学会在团队中学习和工作，学会与自己的队友一起完成任务，分享胜利的果实，学会从团队运作中吸取经验，学会与人合作，在任何时候你都必须要有团队合作的意识。此时，你可能很想知道自己的团队合作意识究竟如何，那么就来做一份心理问卷，以对自己有所了解。

此份心理问卷的每个问题都有 *1* ~ *5* 分的 *5* 个等级选择。如果你认为该问题最符合自己，那么就标记 *5* 分，依次类推，最不符合自己就标记 *1* 分。然后把 *1*、*2*、*3*、*6*、*7*、*8*、*10*、*11*、*12*、*13*、*14*、*15*、*17*、*18*、*19*、*20* 各个问题分数相加，得分越高，越需进行团队合作训练；把 *4*、*5*、*9*、*16* 各问题得分相加，分数越低，则越需要进行团队合作训练。

（1）我特别不喜欢被人领导。

（2）我不喜欢参加团队会议。

（3）与陌生人讨论问题，令我内心不快。

（4）我非常喜欢与人共事。

（5）我同朋友们、同事们关系和谐。

（6）我觉得自己不像某人有那么多朋友。

（7）这个世界，极少有人令我信任。

（8）我有时候感到非常寂寞。

（9）我相信合作的程度与绩效成正比。

（10）我感到自己不属于任何圈子中的一员。

（11）在与人相处方面，我将"距离产生美"奉为座右铭。

（12）我的志趣与周围的人大相径庭。

（13）我感到被人冷落。

（14）这个世界了解我的人太少。

（15）在团队讨论时，我总是紧张万分。

（16）当工作遇到困难时，我会积极地寻求帮助。

（17）我感到与别人有隔阂。

（18）我有点害羞。

（19）我的知心好友很少，几乎没有。

（20）我只愿意跟我志趣相投的人来往。

做了这些题之后，你的分值如何？是不是有必要提高一下自己的合作能力呢？

事实上，一个人的成功不是真正的成功，团队的成功才是最大的成功。对每一个上班族来说，谦虚、自信、诚信、善于沟通、团队精神等是非常重要的。团队精神在一个学校，在一个人的事业发展中都是不容忽视的。那么怎样加强与同事的合作，提高自己的团队合作精神呢？

善于与人交流

在工作中，你与同事之间会存在某些差别，知识、能力、经历等方面的差异造成你们在对待和处理工作时，会产生不同的想法。这就需要彼此间交流，把自己的想法说出来，听听对方的想法，你要经常说这样一句话："你看这事怎么办，我想听听你的想法？"

### 对人平等友善

即使你各方面都很优秀，即使你认为自己以一个人的力量就能解决眼前的工作，也不要骄傲。需要注意的是，你并不一定能独立完成一切任务。平等友善地对待别人，是一种很好的相处方式。

### 保持积极乐观

即使是面对繁重又艰巨的任务，也要保持积极乐观的心态，你要对你的伙伴说："我们是最优秀的，肯定可以把这件事解决好，我们一定能取得成功。"

### 培养创造能力

一加一大于二，但你应该让它大得更多。要时刻培养自己的创造能力，不要安于现状，试着发掘自己的潜力。一个有不凡表现的人，除能养成与人合作的习惯以外，还需要其他人乐于与其合作。

在职场中，同事之间有着密切的联系，谁都不能单独地生存，谁也脱离不了群体。依靠群体的力量，更容易获得成功。相反，仅仅依靠自己的力量去做一个根本无法胜任的工作，那么失败的概率就会更大。而且这不仅是你一个人的失败，同时也会牵连到周围的人，进而影响到整个群体。

总的来说，一个团队、一个集体对一个人的影响十分巨大。善于合作，有团队意识的人，整个团队也能带给他便利，合作的力量可以让他少走很多的弯路。

# 3. 培养协作的优秀品质

协作是指在目标实施过程中，个人与人个之间的协调与配合。我们可以看一个生动的例子：一次，联想运动队和惠普运动队组织攀岩比赛。惠普队强调的是齐心协力，注意安全，共同完成任务。联想队在一旁，没有做太多的士气鼓动，而是一直在合计着什么。比赛开始了，惠普队在全过程中几处碰到险情，尽管大家齐心协力，排除险情，完成了任务，但因时间拉长最后输给了联想队。那么联想队在比赛前合计着什么呢？原来他们把队员个人的优势和劣势进行了精心的组合：第一个是动作机灵的小个子队员，第二个是一位高个子队员，女士和身体庞大的队员放在中间，垫后的当然是具有独立攀岩实力的队员。于是，他们顺利地、迅速地完成了比赛。

可见团队的一大特色：团队成员一定要在能力上互补。共同完成目标的保证就在于发挥每个人的特长，并注重过程，使之产生协同效应。

一个集体的根本功能或作用在于提高组织整体的表现，发扬协作精神的目的在于提高集体的工作业绩，使集体的工作业绩超过成员个人的业绩，使集体业绩由各部分组成又大于各部分之和。于是，明确成员各自的岗位，强化个人的工作标准，帮助每一个成员更好地实现成就，就是为了达到上述目的。曾经有一个足球队员说过，足球是一个集体项目，球员是集体中的一分子，集体好你才能好，集体不好你也好不了，没有听说过哪个降级的球队还能出最佳射手。当你拿到一个球正处于既可以自己射门，也可以分给队友的情况下，这就是检验你的团队精神的时刻了。如果传给队友可以获得百分之百的破门成功机会，那么哪怕自己打门的成功性是百分之九十九，你也应该把球传出去。所以每个人尽管在某一方面是天才，但不可能是全才，必须发挥协作精神，成功的可能性才更大。

所以，为了培养基于协同精神之上的团队精神，我们必须在以下几个方面进行修炼。

（1）培养自己做事主动的品格

我们都有成功的渴望，但是成功不是等来的，而是靠努力做出来的。任何一个单位都不喜欢只知道被动做事的人，所以我们不应该被动地等待别人告诉你应该做什么，而应该主动了解我们需要做什么，自己能做什么，然后进行周密规划，并全力以赴地去完成。

（2）培养敬业的品质

几乎所有的团队都要求成员具有敬业的品质。有了敬业精神，才能把团队的事情当成自己的事情，才能有责任心，发挥自己的聪明才智，为实现团队的目标而努力。要记着个人的命运是与所在的团队、集体联系在一起的。这就要求我们有意识地多参与集体活动，并且想方设法认真完成好个人应承担的任务，养成不论学习还是干什么事都认真对待的好习惯。要知道，有才能但不敬业的人是不受欢迎的。

（3）培养自己宽容与合作的品质

今天的事业是集体的事业，今天的竞争是集体的竞争，一个人的价值在集体中才能得到体现。成功的潜在危机是忽视了与人合作或不会与人合作。实际上，集体中的每个人各有各的长处和缺点，关键是我们以怎样的态度去看待。能够在平常之中发现对方的美，培养自己求同存异的素质，这一点对职场人来说尤其重要。这就需要我们在日常生活中，培养良好的与人相处的心态，并在日常生活中保持这种良好的心态。这不仅是培养团队精神的需要，而且也是获得人生快乐的重要方面。

（4）要培养自己的全局观念

团队精神不反对个性张扬，但个性必须与团队的行动一致，要有整体意识、全局观念，考虑团队的需要。它要求团队成员互相帮助，互相照顾，互相配合，为集体的目标而共同努力。

所以每一个人都必须具有良好的协作精神，要充分发挥团队成员之间优势互补的作用，让全体团队成员尽可能地发挥各自的才能，使整个团队产生整合后的聚变，实现 $1+1>2$ 的效果。

现代人力资源提倡的是：系统开发，协调发展，选贤任能，适才适能，扬长避短，群体相容。不同年龄、专业、个性、性别的组合可以互补增值，团结就是力量，协作能出成绩，这就是优秀团队的核心思想。

# 4. 提高合作共事的能力

当你结束了自己的学生时代，告别校园生活，成为上班族的一员后，就是真正地步人社会了。而最重要、最关键的就是刚刚走上工作岗位的头几年，它往往可能影响你的一生，因此你必须认真对待的头等大事就是要尽快地了解社会、熟悉社会、适应社会和融入社会。

社会其实就是一个由错综复杂、多姿多彩、千变万化的人际关系组成的立体人脉网络结构。每个人都是这一网络结构中的一个"网结"，这些纵横交错的"连结"构成了你我他的缤纷生活和工作。正如一位英国诗人所说："没有人是个完全自成天地的孤岛，大家都是大陆的一块，是主体的一部分。"

刚刚开始处世的年轻人，一踏人社会，就被织进了"关系网"，成了社会大网络中的一个新的"网结"，各种各样人际关系的"线"也马上"牵"了进来。而你工作的单位就是一个小社会，是社会的缩影。到了一个单位，你要和许多人，如领导、主管、同事、客户等一起共事，每时每刻都要和他们打交道。这样，你面临的首要任务就是要学会怎样与他们融洽相处、合作共事，而特别需要的是掌握处理单位内部合作共事的本领。

有一个实业家告诫刚出校门的大学生，社会总比我们想象的要复杂，又总比我们想象的要简单。社会有它复杂的一面，它不像我们的家庭生活、校园生活那样简单，许多事情处理起来往往会与在学校、家庭不同。在学校里，你的成绩与你的勤奋成正比；到了社会，你处理不好有时却成反比。在家里，你出了错，父母总会原谅你；在社会里，你犯了错误，有可能很久都得不到原谅。在父母面前你可以童言无忌；在社会，有时一句话会使你几年的努力前功尽弃。你所遇到的许多难题，往往是学校里和教科书中没有的。在学校里，师生之间、同学之间的关系毕竟单纯得多，加上青春年少、天真烂漫、纯朴直率、富于幻想与梦想，有些年轻人容易把一切都看得过于简单和理想化。由于缺乏必要的心理和思想准备，在进入社会后，还不能很快地适应新的人际环境，不能马上自觉地掌握处理人际关系与合作共事的方法，感到现实和理想的落差太大，一下子很难适应，觉得社会复杂，人际关系微妙，难以处理，有的甚至常常会莫名其妙地碰钉子。面对种种人际关系，有些年轻人不知所措，深感与人共事之难。

有些年轻人工作了一段时间之后，发现社会、单位里不少事情出乎原来的想象和意料，一些令人倍感困惑和不解的问题随之而来：为什么提出的建议得不到别人的认可和采纳？为什么直言不讳陈述自己的见解会被人误解？为什么率直批评别人的缺点、错误反遭到别人的白眼？为什么自己的有些言行举止使同事、领导反感？为什么觉得自己很有才华，却得不到领导的认可？为什么有时抢着干一些工作，反而招致别人的不满？……这些都常常令一些职场新人百思不解，于是就牢骚不断、愤愤不平。

一些年轻人步入社会后，之所以有这样或那样程度不同的困惑和烦恼，是因为自己社会阅历太浅，还带着校园中的学生

气；是因为学校的书本上告诉了我们太多太多的理想模型；是
因为自己对社会还缺乏足够理性和实际的体验和认识，对适应、
处理人际关系还经验不多。自己原来具备的一些为人处世、待
人接物的知识，多半还是些书本知识，而且这些知识也不多，
而社会实际生活本身，要比书本的东西，比校园生活丰富、多彩、
复杂得多。其中的微妙、艰辛，往往是久而后信，越是有阅历、
有经验的人，越有体会。如果你以为在学校里学到的专业知识
已经足够在社会上立足，那你就错了。你需要好好学习为人处世、
与他人合作共事的本领。

有句简单却深刻的话是这样说的：一个没有交际能力的人，
犹如陆地上的船，是永远不会漂泊到壮阔的大海中的。没有练
达圆融、睿智明澈的与人合作共事的能力，没有机敏灵活的应
变处世的本领，没有能屈能伸、开合适度的豁达胸怀，那么社
会的舞台就是再广阔，你也难以活动自如、纵横驰骋。

"世事洞明皆学问，人情练达即文章"。问题是，我们什么
时候才能做到"世事洞明""人情练达"？非要等到我们的人生
快到尽头的时候吗？到那时候就是做到了，不是迟些了吗？大
好年华不都错过了吗？

有一位知名作家在自己的作品中感慨："为什么在学校里
有那么多老师教我们做学问，却少有人指导我们处世的学问？
就算有些治世格言，也常是'等片时风平浪静，退一步海阔天
空''暧暧内涵光''守愚圣所臧'或'雄辩是银，沉默是金'之类。
那真是对的吗？就算对，对的道理在哪里？为什么没人教我们
'工作伦理''人际关系''说话技巧''行为语言'？为什么让
我们这些读破万卷书的，进入社会之后，处处碰钉子？

有一个学生，在大学学习时聪颖、机灵、一点就通，老师给他解答问题是最轻松的，经常得到各任课老师的表扬，成绩也很好。然而，走进社会后，碰壁最多的也是他。似乎他遇到的总是打压下级的领导，嫉贤妒能的同事，每一个环境都不能善待他，于是他只好跳槽。据了解他的人说，他不能正确处理同事关系，公司在经营中，有些决策并不一定都对，在别人还不大清楚的时候，他能看出一些端倪，这是他的过人之处，事后往往证明他是对的。于是，他扬着胜利的旗帜四处招摇，不顾及已经很难过的当事人，甚至包括领导在内，这让那些已经很难过的人再一次受到伤害，这一点让他的同事不能接受，与他共事总有一种如履薄冰的感觉。时间一长，几乎所有的人都不愿意与他在一个部门工作。在这种情况下，领导只好选择放弃他。

其实，他是知道自己的性格弱点的，但他没有想到如何去调整自己，有效地改进自己，以便能够适应环境，融入集体。所以，职场新人要尽快适应变化了的新环境，尽快缩短与社会的磨合过程，主动地在实际的社会生活中认识社会关系，逐渐训练和提高自己与人合作共事的能力和技巧，更好地扩展自己的人脉网络，使自己融入新的集体。

# 5. 通过沟通和理解获得合作

良好的合作关系来源于良好的沟通。沟通是一个双向的过程——理解他人与寻求被人理解。每一位获得成功的人都具备这样一种很好的习惯，他们善于理解他人，并乐于与人合作。

**做一个有洞察力的倾听者**

在现实生活中，我们在听别人讲话时总是联系自己的经历，因此我们往往以四种方式中的一种做出反应。

评估——我们同意还是不同意；

探究——我们按照自己的看法提出问题；

劝告——我们根据自己的经验提出建议；

解释——我们试图根据自己的动机和行为来猜度别人、解释他们的动机和行为。

我们做出这些反应是自然而然的，在我们的头脑里根深蒂固。

一个有洞察力的倾听者能很快看到内在的问题，并且能够表现出使对方毫无顾忌地敞开思想的这样一种认可和理解，使他们一层层地开放，直到真正发现问题的内核。终有一天，你会发现，通过倾听解决问题所投入的时间要比你贸然行动所投入的精力划算得多。

**主动寻求被人理解**

首先寻求理解，然后寻求被人理解。寻求理解需要有体谅之心；寻求被人理解需要有勇气。

不管怎样，你总是可以先去寻求理解，这个主动权在你自己手里，这样做，如果你把注意力集中于你的影响圈内，才能真正地理解另一个人，才能获得你的努力所需要的准确情况，能够很快触及问题的核心，建立起情感的纽带，并且给人以他们所需要的。这样，才能有效地进行合作。

### 用爱去沟通

你必须爱自己，然后才能把爱带给其他人。爱是独立的，而且是以我们和其他人分享为基础的，并且基于独立性的选择，而不是出于依赖性的需求。真正的爱，就是由两个具有维持本身生活能力的个人所组成的一种关系，只有独立的人，才能自由选择维持一种关系，不独立的人，他们都因为有所需求，才会继续维持关系。可见，爱是人们相互沟通的前提。

作为一名好的沟通者，在和陌生人打交道时，总是先把手伸给对方，因为我们已经知道，这是向他人表示尊敬的一种方式。除握手外，还要直视对方的眼睛，同时面带热情、开朗的微笑，借以表示我们对这种沟通的强烈兴趣。此外，在与陌生人见面时，我们总是先主动报出自己的姓名，并在说出姓名之前，加上一句"早安""午安"或"您好"。

与合作伙伴沟通时，必须学会耐心倾听，并且设身处地地为他人着想，这样可以使你赢得对方的尊重，也有利于合作的顺利开展。

如果你希望做一个好的合作伙伴，你必须成为一名优秀的沟通者，你必须学会理解别人并被别人理解，以及付出你的爱，从而轻松愉快地合作。

# 1. 服从领导的安排

常言道：恭敬不如从命。谦恭地敬重领导，不如服从领导的意志和命令。对高明的赞美者而言，服从是金，语言是银。这是由领导与下属的特殊关系决定的。

毋庸讳言，每个领导都喜欢听赞美的话，但善于用语言来赞美领导的人却未必是领导最喜欢的下属，也未必能得到领导的信任和赏识。有些人平时对领导说恭维的话，也常常使领导感到开心，但关键时候却又反对领导的决策，不服从领导的命令。

不服从领导就是不尊重领导。领导很重视自身威信，下属的赞扬无疑是对领导的威信的维护和尊重，但言行不一，不服从领导实际上就是无视领导的权威，损害领导的尊严。

服从领导的安排是以自己的行动来履行自己的岗位职责，使领导的权威和威信得到认可、维护和巩固，无疑，聪明的领导也最喜欢员工以这种方式执行自己的安排。这样的员工也一定会受到领导的认可。

当然，服从领导并不是要求盲目服从，凡是领导说的都要听从，凡是领导决定的都要遵从。盲目服从可能是对领导的一时恭维，但从长远来看，如果服从的是错误的决策或命令，可能会害人害己。

## 2. 维护领导的权威

尊敬领导是所有组织的要求，服从领导是组织的制度。虽然领导是组织的核心力量，但是也有着最基本的上下级关系。

小徐是做财务的，又是注册会计师，但是，就业务而言，年长小徐的领导有丰富的实践经验，小徐自愧不如。小徐跟着领导踏实做账、做报表、做预算、审计合同中与财务相关的条款，有不懂的就问，他的尊重更多是从他的眼神中流露出来的。

在现实生活中，桀骜不驯的人不乏其人，甚至大部分人都有过冲撞领导的时候，虽然到最后还是得服从权威，但这种服从却让领导的感受大相径庭！

只要你能尊重领导，领导会对你有一个非常好的印象，你和领导之间也一定会建立和谐融洽的上下级关系，而这种关系的确立对一个职员来说很重要，它可能关系到你日后的职业发展。

# 3. 尊重领导的地位

　　所谓领导，简单地说就是给你发薪水的人，它可以是具体自然人，也可以是个内部复杂的机构。优秀的领导是带领你实现自身职业理想的人，配合领导的工作，其实也在为你自己工作。

　　如何与领导相处？首先，要尊重你的领导。没有规矩不成方圆，等级分工是开展工作的前提。对领导欠缺必要的尊重，逾越职业本分的职业人，其职业生涯注定不会太久。其次，如果领导在某些方面不如你，那么这恰好是你展露才华的最好机会。在工作中弥补领导的不足是身为下属的本分，也是个人职业价值的所在。你的任务是尽职扮演好助手的角色，帮领导分忧解难，当领导的决定有错误的时候，一定要及时提醒他，既清晰地阐述你的观点，又给领导留有余地。

# 4. 向领导表示忠诚

领导一般都把下属当成自己人，希望下属忠诚地跟着他，拥戴他，听他指挥。下属不听安排，自作主张是领导最反感的事。忠诚，讲义气，重感情，经常用行动表示你信赖他，敬重他，便可得到领导的器重。

你可以通过多种方式表达对领导的忠诚，让领导感到被尊重，但这种表示不是恭维领导，而是将自己的坦诚展现给领导看。

雷姆赛，美国一家著名公司的国际市场副总裁的一位助理，接到了一项紧急任务：根据领导的笔记，准备好业务进展曲线图表。起草图表时，他注意到领导写道："美元坚挺，则出口就会增加。"雷姆赛明白，事实恰恰相反。于是，便上报领导，告知已经纠正了这一错误。

领导感谢雷姆赛及时发觉了他的疏忽。当第二天向上呈报未出丝毫纰漏后，领导对雷姆赛做出的努力再次道谢。

# 5. 让领导看到你的成绩

有的员工在工作上完全称得上尽职尽责，他的稳重和勤奋在部门里是有目共睹的。他可能会为了核对一个数据，不惜夜以继日，将白天做的工作重新计算一遍，以确保准确无误。然而在部门之外，没有人知道他到底投入了多少精力，做了多少额外的工作。

相反，有的人，论业务熟悉程度不如别人，但工作的积极性很高，不仅虚心向他人请教，而且经常就工作中一些可改进的地方向上级提出合理化建议。在工作空闲时间，只要看到其他同事忙得不可开交，也会主动伸出援手；或者会自觉找到领导，要求承担额外工作。此外，如果有可能，他还会定期向部门经理汇报最近一段时间工作上遇到的收获和困惑，这样一方面有助于更好地开展工作，另一方面也能使领导了解他的实际工作量和工作中的各种客观因素。

生活中常有这样的情况：有的人做了很多，但升迁、涨薪的往往不是他；有的人虽然做的不是很多，但却引来领导的赞赏、同事的羡慕，部门各种福利自然也尾随而至……相信每个人都想做后者不想做前者，这就需要我们要想办法让领导看到自己的成绩，而不只是一味地埋头苦干。

# 6. 让领导对你满意

当你做错事的时候，不要找借口和推卸责任。解释并不能改变事实，你只有承担责任，努力工作以保证不再发生同样的事，才是上策，我们要让自己学会接受批评。还要领导信任你，相信你能准时完成工作。

做完的工作要及时检查，在确认没有错漏后把它交给领导。你还要谨记工作时限，如果不能准时做好，应预先告诉领导。作为下属，你要主动地、圆满地把工作完成，而不要等领导告诉你应该怎样去做。

此外，切莫让浅显和琐碎的问题烦扰领导或浪费领导的时间，但重要的事必须请示领导。

耐心寻找领导的工作特点，以他喜欢的方式完成工作，不要逞强，更不要急于表现自己。

要用你的态度说明一个事实：我是领导的朋友，我会尽己所能配合你的工作。当领导委以重任时，请先清楚地了解他的本意，他想要得到的结果，再确定你的做法，以免因误会而产生不必要的麻烦。

不要只满足于做好自己分内的事，而应在其他方面多出成果，积累经验，提升自己的"价值"。在工作中遇到困难时，可以虚心向领导讨教，多听一听领导的建议，让领导满意你的工作方式。

169

# 7.让领导喜欢你做的事

**主动报告你的工作进度**

领导的心中往往有些疑虑：下属好像每天都很忙，但又不知道他们在忙些什么，又不好意思经常去问。因而，下属一定要主动报告自己的工作进度,让领导放心。有时汇报工作进度时，一旦有错误，领导可以及时地纠正你，避免出现更多的错误。

**回答领导的询问时要做到：问必答，答必详**

许多下属在回答领导问题时不太注意回答的方式，一些回答方式可能让领导无法接受。

如果领导问你话，一定要有问必答，最好是问一句，答三句，让领导清楚地了解情况。你回答的比领导问得要多，这样可以让领导放心；若你回答的比领导的问话还要少，则会让领导忧虑，可能会质疑你的工作能力。

**学习领导的能力，了解领导的语言**

在与领导沟通时，要跟得上领导的思维，了解领导的意图。

领导是一个团队的精神领袖，有着较强的领导能力和团队协作精神。作为下属，不仅要努力学习知识和技能，还要学习领导的优点和长处，试图超越他。

**知错就改，不犯同样的错**

领导会给下属犯错的机会，但是不希望下属犯同样的错误。

人非圣贤，孰能无过？不论多么优秀的人也难免会犯错误。

但难能可贵之处是能在每次犯错误之后，接受教训，及时总结经验，时刻提醒自己不要再犯同样的错误。其实，一个人要真正做到不犯同样的过错，是非常不容易的事情。切记此时不要为自己的错误寻找借口，更不能故意犯错。如果你能对你的领导说："领导，您放心，这是我第一次犯这个错误，也是最后一次。"那你就非常不简单了。不过你能够说到做到吗？如果能，那你的领导会相信你的毅力，认同你的能力，让领导更加地赏识你。

### 了解领导的处境，尽力帮助他

领导在工作中出现失误时，千万不要持幸灾乐祸或冷眼旁观的态度，这会令他非常难过。此时的你应该帮他总结教训，多加劝慰。持指责、嘲讽的态度易把关系搞僵，使矛盾激化。己所不欲，勿施于人。当你犯错、失败的时候，也是希望得到别人的帮助、劝慰而非冷嘲热讽甚至落井下石。你的领导也是如此，如果你能体谅领导的处境，并且在他需要的时候伸出援助之手的话，你定会得到领导的信任和认可。

### 接受任务时事无怨言

最完善的人事规章，最详细的职务说明书，都不可能把员工应做的每件事都讲得清清楚楚，有时领导会临时安排工作任务。这个工作任务是一定要有人做的，这时你可以主动承担工作任务，并且无怨言，在工作中积极努力的态度会得到领导和同事的一致好评。

171

# 8. 欣赏和赞美自己的领导

任何人身上都可能拥有你所欣赏的人格特质。玛格丽特·亨格佛曾经说过："美存在于观看者的眼中。"她的看法和我们平常所说的"我们在别人身上看到我们所希望看到的东西"不谋而合。每个人都是一个复杂的综合体，融合了好与坏的感情、情绪和思想。你对他人的想象，往往基于自己对他人的期望之中。

如果你相信他人是优秀的，你就会在他人身上找到好的人格品质；如果你不这样认为，就无法发现他人身上潜在的优点；如果你本身的心态是积极的，就容易发现他人积极的一面。当你不断提高自己时，别忘了培养欣赏和赞美他人的习惯，认识和发掘他人身上优秀的特质。

看到他人的缺点很容易，但是只有当你能够从他人身上看出优秀的品质，并由衷地欣赏他们的成就时，你才能真正赢得友谊和赞赏。

这个道理同样适用于我们的领导。然而，正由于他是领导，我们并不能十分容易地做到这一点。作为管理者，他们自然会经常对我们的许多做法提出批评，经常会否定我们的许多想法，这些都会影响我们对他做出客观的评价。

如果我们能衷心地欣赏和赞美自己的领导，给予他们精神上的支持，即使彼此之间有种种隔阂，有许多误解，也会慢慢消解。

# 9. 以领导的心态对待学校

绝大多数人都必须在一个社会组织中奠基自己的事业生涯。只要你还是某一组织中的一员，就应当抛开任何借口，投入自己的忠诚和责任。只有将身心融入集体中，尽职尽责，处处为集体着想，理解管理者的压力，那么你自然会得到领导的认可。

如果你是领导，你对自己今天所做的工作完全满意吗？别人对你的看法也许并不重要，真正重要的是你对自己的看法。回顾一天的工作，扪心自问一下："我是否付出了全部精力和智慧？"

如果你是领导，一定会希望教师能和自己一样，将学校工作当成自己的事业，更加努力，更加勤奋，更积极主动。因此，当你的领导向你提出合理的要求时，请尽自己最大的努力满足领导的要求。

以领导的心态对待学校，你就会成为一个值得信赖的人，一个领导乐于雇用的人，一个可能成为领导得力助手的人。更重要的是，你能心安理得地过好每一天，因为你清楚自己已全力以赴，已完成了自己所设定的目标。

以领导的心态对待学校，以诚恳、务实的心态对待学校工作，始终保持对工作的热忱与勤勉；将学校的利益放在首位，将学校的事情当作自己的事情一样对待，如此你一定能获得更好的职业发展。

# *10.* 在工作中主动接受任务

自动自发就是自觉而且出色地完成工作。这不仅是对工作负责，更是对自己的人生负责，这样的人知道自己该做什么，也知道自己凭什么才能做到，更知道自己如何去做，这样的人是卓越的人，这样的教师是优秀的教师。

一个人的主动性是实现其目标必不可少的要素，它会促使你进步，会使你受到更多的关注，而且会给你带来更多的机会。主动性就像一道分水岭，把人分为了几类。

一种是别人告诉他一次，他就能去做。这样的人往往会得到很高的报酬。

一种是别人告诉了他两次，他才会去做。这样的人得到的报酬较微薄。

一种是只有在迫不得已的情况下，才能把事情做好。他们得到的是冷漠和轻视，报酬也很少。

还有一种，是别人追着他，告诉他怎样做，盯着他做，他也不会把事情做好。

主动性的高低往往直接影响工作时的表现好坏，关系工作成效的高低。那些工作自主性低的教师，墨守成规、避免犯错，凡事只求忠诚学校规则，领导没让做的事，绝不会插手；而工作自主性高的教师，则勇于负责，有独立思考能力，必要时会发挥创意，高质量地完成任务。

每位教师都应该有意识地培养自己的主动性，养成随时准备把握机会，展现超乎他人要求的工作表现的习惯，还要拥有"为了完成任务，必要时不惜打破成规"的智慧和判断力。有了这样的主动性，可以使你从平凡走向卓越。

如果你想从平凡走向卓越，那么从今天开始，从现在的工作开始，将自动自发培养自己的习惯，自己分内的多做一些，比别人期待的多服务一些，这样你就会得到更多，你也会变得更优秀。如果只有在别人注意时才有好的表现，那么你永远无法达到成功的顶峰。对一个渴望成功的人来说，最严格的表现标准应该是自己设定的，而不是由别人要求的。如果你对自己的期望比领导对你的期许更高，那么你就无须担心会失去工作。

同样，如果你能达到自己设定的最高标准，那么升迁晋级也将指日可待。

一般而言，教师可发挥的主动性分为五个层次：

第一级，等待别人的吩咐（最低层次的主动性）；

第二级，询问该做些什么；

第三级，提出建议，然后采取相应的行动；

第四级，采取行动，能立即提出建议；

第五级，自己主动行事，然后定期汇报（最高层次的主动性）。

结合上述几点，你可以看一看自己在日常工作和学习过程中的主动性究竟属于哪一个层级。

如果属于第五级，恭喜你，你是一名让领导放心的核心教师。你已经具备作为一名中层管理者应有的素质，你要么已经是领

175

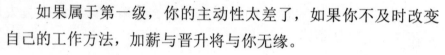

导的左右手，要么即将成为领导的左右手。

如果属于第四级，说明你也算是一名优秀教师，如果在行动之后，能以定期汇报的方式与领导直接沟通，你获得的薪水和晋升的机会会比其他人多。

如果属于第三级，说明你在工作中还是比较主动的，但主动性还不够，行动比建议更具有说服力，你需要向第四、第五层级的教师学习，提高自己的主动性。

如果属于第二级，你的主动性还不够，只有在别人的指示下，你才知道做什么，如何去做。在平时的工作中，你要善于观察和思考，养成主动做事的习惯。

如果属于第一级，你的主动性太差了，如果你不及时改变自己的工作方法，加薪与晋升将与你无缘。

# 11. 能够诚恳接受领导的批评

谁都不敢保证在职业生涯中不会挨领导的批评，在受到领导批评时最需要表现出你的诚恳态度。最让领导恼火的就是他的话被你当成了"耳旁风"。如果你对批评置若罔闻，我行我素，这种效果也许比当面顶撞更糟，因为你的眼里没有领导。

或许你感到很委屈，觉得领导批评错了。其实，批评有批评的道理，即使是错误的批评，也有其可接受的出发点。接受批评能体现对领导的尊重，对待错误的批评，你处理得好反而会变成有利因素。

如果你不服气，发牢骚，那么，你这种做法产生的负效应足以拉大你和领导的距离。当领导认为你"批评不起""批评不得"时，也就产生了相伴随的印象——认为你"用不起""提拔不得"。

当然，公开场合受到不公正的批评、错误的指责，会让自己变得被动。但你可以一方面私下耐心做些解释，另一方面用行动证明自己。

受到领导批评时，反复纠缠、争辩，这是很没有必要的。你要学会体谅领导，学会换位思考，站在他的角度思考问题，就会更好地理解领导的言行。

　　如果的确被误解怎么办？可找机会向领导解释，点到为止。不要过于追求弄清是非曲直，不然会让领导觉得你心胸狭窄，经不起任何误解。

第七章

调节关系，快乐工作

# 1. 正确对待你的同事

职场竞争激烈，保持适度的危机意识是必要的，但是过于紧张，草木皆兵却大可不必。为此，应该调整好心态，只有正确对待同事和下属，才能走出现有的困境。

如何对待你的同事？同事既是工作伙伴，又是竞争对手，如何处理与同事的关系，是职业人士获得成功的必要保证。首先必须明确，在职场中，随时都有可能遇到强劲的对手。学历和资历固然重要，但最重要的还是个人的人格和实际工作能力。不管为了现实生存还是实现自我，职业人都要不断进步，以适应竞争的变化。

如何对待你的下属？好的主管必须先得到下属的认可，才华出众的领导才能真正令下属心服。在保持主管的威严的前提下，对下属进行必要的指导和及时的表扬可以激发下属的工作激情，有利于工作的顺利进行。

## 2. 力争赢取同事的心

赢取同事的心，并不需要你刻意地做，只要你自然、大方、宽容、善解人意，就一定能在同事中大受欢迎。

**合作和分享**

多跟别人分享看法，多听取和接受别人的意见，这样你才能获得众人接纳和支持，方能顺利开展工作。

**微笑**

在工作中，微笑是最好的沟通工具，无时无刻向人展示灿烂友善的笑容，必能赢取同事的好感。

**不搞小圈子**

与每一位同事保持友好的关系，尽量不要被人认为你是属于哪个圈子的人，这会在无意中缩窄你的人际网络，对你的职业发展没有任何好处。尽可能与不同的人打交道，不搬弄是非，自能获取别人的信任和好感。

**有原则而不固执**

应以真诚待人，以善良助人。为人处世方式灵活，有原则，懂得在适当的时候采纳他人的意见。切勿万事躬迎，毫无主见，这样只会给人留下懦弱、办事能力不足的印象。

**不要太严厉**

工作沟通时要注意自己说话的方式、态度和语气，用委婉的言语与同事沟通。在开会或交接工作时过于严厉，很容易让同事以为你是一个刻薄的人，不利于后续工作的开展。

## 3. 设法打破人际沟通的障碍

学校是一个有机的系统，任何一个局部都在某种程度上对整体产生影响，因此必须要注重团队精神和协作精神，必须注重不同的层次和职能之间有效的沟通，设法打破人际沟通的障碍。

沟通意识的培养是第一位的，沟通技巧是第二位的。沟通意识增强了，沟通技巧也就自然能不断提高了。如果在实际工作中被人误解，其根源在于沟通意识的不足。

有时人会身陷沟通不畅的恶性循环而茫然不知。部门之间、同事之间沟通不畅带来的后果只有一个，那就是彼此间的误会、怀疑、猜忌和敌意，而这些又反过来增加了沟通的难度。如此循环反复，效率怎能提高？质量怎能保证？这就需要沟通。

一个人不能容忍另类思维也会阻碍沟通。其实，在追寻真理的过程中，我们在不断重复着"瞎子摸象"的游戏，也许你摸到了"墙"，我摸到了"绳子"，他摸到了"柱子"……把这些整合起来，我们才能距真理更近一些，再近一些。怎样才能做到呢？还是需要沟通。

沟通遇到障碍还源于沟通一方的不够谦虚。若不能摒弃"精英情结"，总认为自己高人一等，不愿意与别人交流，最后只好自我欣赏。当然，沟通者过于自卑也会造成沟通障碍。沟通者总觉得自己职位低，见识浅，于是害怕与人沟通。

　　沟通不能过于运用沟通技巧，要真诚地与他人沟通，大胆地表达你的想法。一切以能达到彼此交流思想为目的。

　　沟通能让误会、怀疑、猜忌和敌意远离，让共识、理解、信任和友谊走近，从而能够共同分享工作带来的充实和愉悦。

# 4.多替同事着想

要搞好同事关系，就要学会站在对方的角度考虑问题，更好地理解对方的做法。要处处替他人着想，切忌以自我为中心。

我们经常要与他人合作完成一项工作任务，在取得成绩之后，要懂得分享劳动成果，切忌处处表现自己，将大家的成果占为己有。这对于处理好人际关系是至关重要的。

替同事着想应表现在当同事遭到困难、挫折时，伸出援助之手，给予帮助。良好的人际关系往往是双向互利的。你给别人种种关心和帮助，当你自己遇到困难的时候也会得到相应的回报。

# 5. 宽容豁达地对待同事

豁达是一种超脱，是自我精神的解放。豁达是一种宽容，大度，海纳百川。

豁达是一种自信，是一种开朗。人要是没有精神支撑，剩下的就是一具皮囊。精神支撑就是自信，自信就是力量，自信给人智勇，自信可以使人消除烦恼，自信可以使人摆脱困境，有了自信，就充满了希望。

豁达是一种博大的胸怀、超然洒脱的态度，也是人类个性最高的境界之一。一般说来，豁达开朗之人能够对别人不同的看法、思想、言论、行为以至他们的信仰、观念等都加以理解和尊重。不轻易把自己认为"正确"或者"错误"的东西强加于他人。他们也有不同意他人的观点或做法的时候，但他们会尊重别人的选择，给予他人自由思考和生存的权利。有时候，往往是豁达产生宽容，宽容导致自由。

当然，豁达并非等于无限度地容忍他人，开朗并不等于对已构成伤害的行为加以接受或姑息。但对于个人而言，豁达往往会拥有更好的人际关系，自己也会减少抱怨；对于一个群体而言，宽容开朗，无疑是创造一种和谐气氛的调节剂。因此，豁达宽容是建立良好人际关系的基础，同时也是一个人完善个性的体现。

一个人只有豁达、开朗、宽容才能善于与他人相处，能承认他人存在的意义和作用，他也就能被他人所理解和接受，为集体所接纳，就能与别人互相沟通和交往，人际关系才会协调，才能与集体成员融为一体。合群的人，常常能够与朋友共享快乐，表现出积极的态度总是多于消极的情感；即使在单独一人时也能安然处之，无孤独之感。因为这种具有积极情感的人会感受到自己存在的价值，能够对自己的能力、个性、情感、长处和不足做出恰当和客观的评价，不会对自己提出苛刻的、不切实际的要求，能恰如其分地确定自己的奋斗目标和做人的原则，努力发展自身的潜能，并不回避和否认自己的缺陷，尽量用自己的乐观情绪去感染别人，正是这些特点，才赢得大家的喜爱和认同。

宽厚容人、不求全责备要从以下三个方面去努力。

### 要认识到"人无完人"

在充满竞争的社会生活中，要认识到"人无完人"，既要求自己不断进步，又允许自己偶尔失败，才能保持心理上的平衡。

### 得理也要让人

与人发生争论、冲突时，要尽量控制自己的情绪，不要得理不饶人，这样你不仅在道理上战胜了别人，更会在情感上战胜别人，赢得别人的信任和尊重，朋友就会越来越多，在遇到困难和挫折时，别人就会主动帮助你。

### 要"宽容待人"

憎恨别人，就如同在自己的心灵深处种下了一粒苦种，不断伤害自己的身心健康，而不是如己所愿地伤害你所憎恨的人。

所以在别人伤害了自己，心里憎恨别人时，不妨设身处地地考虑一下，假如你自己处在这种情况下，是否也会如此？当你熟悉的人伤害了你时，想想他往日在学习或生活中对你的帮助和关怀，以及他对你的一切好处，这样，心中的怨气就会大减，就能以宽容的态度谅解别人的过错或消除相互之间的误会，化解矛盾，从而使自己始终在良好的人际关系中心情舒畅地学习与工作。这样，宽容的是别人，受益的却是自己。

# 6. 给同事保留面子

小李为人正直、直率，工作努力肯干，生活上乐意助人，可是同事对他却都敬而远之。究其原因，主要由于小李过分耿直，遇事爱发表个人见解，又不分场合，好钻"牛角尖"，喜欢和人据理力争，不管大事小情非当场弄个水落石出不可，常常弄得同事下不来台。于是他常觉得委屈，同事故意远离他，而周围的人也不愿意和他交往。他的过失在于总是站在自己的位置和立场上考虑问题，只是想让别人接受他的意见。后来他逐渐改变了自己的行为方式，即使确信同事有错，也会注意场合和时间指出同事的错误，在表达自己意见时尽量婉转，此后大家不但乐于接受他的意见，而且也乐于与他交往。

在生活、学习、工作中与人交往时，应宽厚大度，与人为善，以诚相待，不仅要设身处地地考虑对方的利益、处境或心态，还要给对方留足面子，这样才能赢得对方的尊重。

# 7. 容忍同事的过错

世界上的人是千差万别的，完全相同的人是不存在的。性格、爱好、观点、行为不一致的人在一起生活相处，是很正常的。如果纯粹以个人的爱恶喜厌来选择交往的对象，那就只能生活在一个越来越狭窄的小天地。

如果"以恶为仇，以厌为敌"，便会自觉不自觉地对周围的人存有敌意。不但你所不喜欢的人与你隙缝愈深，而且周围的人也会对你存有戒意。

要有容人之过的雅量，金无足赤，人无完人。所谓"容过"，就是容许别人犯错误，也容许别人改正错误。

"容过"讲的是这样一种"过"，它给自己带来了一定的伤害，或在某种程度上与自己有关。例如，下属有了过错，合作者有了过错等。在这种情况下，能否有一种宽容的态度对待这种"过"，是衡量人的素质的一个标准。"容过"是一种美德，是设身处地地为当事人着想，考虑自己如果在这种场合下会如何做，做错了某事之后又有何种想法，当然，这里需要"容"的是当事人本人，对于具体的事情本身则应该讲清楚，该批评的必须批评。

# 8.诚实与守信并不吃亏

诚实与守信对个人或者事业的成功都是必不可少的，即使从事平凡职业的人，诚实与守信也能让他逐渐拥有宽容博大的胸怀,让他身边也能充满微笑和友爱,让他获得实实在在的成功，为自己赢得卓越的名声。所以,诚实与守信是一个人成功的根本，是一个人从平凡走向卓越必须具备的品质。

诚实与守信是衡量一个人品行的标准，无论什么时候，什么地方都可以用来检验一个人的品德。

如果你是一个诚实与守信的人，人们就会了解你、相信你，不论在什么情况下，人们都乐于同你接近，因此也就容易获得别人的好感。如果一个人与别人交往时，心存防备、猜疑的心理，不讲真话、实话，总是遮遮掩掩、吞吞吐吐，是无法处理好人际关系的。

你想要别人怎样待你，你就要怎样待别人。人与人的感情交流具有互动性。一个人如果要想与别人成为知心朋友，首先要敞开自己的胸怀，要讲真话、实话，以你的诚信去换取别人的诚信。只有诚实与守信地对待对方，才能赢得对方的信赖。以诚待人，能够获得别人的信任，这是用诚实与守信换来诚实与守信。如果你在处理人际关系时，去除防备、猜疑的心理，以诚实与守信的态度同别人交往，那么就能获得出乎意料的结果。

在工作中保持诚实与守信的品格并不是一件容易的事。你所从事的职业会严格地考验你能否诚实与守信、自我控制、公正和坦诚。唯其难能，所以可贵，那些经受了考验并且能保持诚实与守信品格的人才会得到别人的信任，并将被赋予更大的任务，而且有机会取得更伟大的成就。他们的人格成了他们人生中最大的财富，有了这样的高尚品质，最疑心的人也能被征服。

## *9.* 正确对待别人的批评

　　有的人一听到别人对他的批评和劝告，就大发雷霆，他们不是去虚心听取，反省其身，而是反唇相讥。久而久之，不仅会陷入孤立无援的境地，而且也不会得到他人的帮助。所以，面对别人的批评，我们要虚心地接受，从而改正过失。

　　能够正确对待别人批评的人，往往从积极的方面理解别人的批评，包括那些不公正的责骂。他们会把别人的批评，看作是改进自己工作、完善个性、克制情绪、提高心理承受力及激发斗志的机会。

# 10.坦然面对同事的怀疑

怀疑，即疑惑或猜测。被人怀疑是一件很痛苦的事情。谁都曾经怀疑过别人，也被人怀疑过。因此，只有坦然地面对别人的怀疑，才能把问题处理得更好。

人与人之间之所以会产生怀疑，原因是多方面的。由于一时的误解，缺乏沟通与解释，进而形成对某件事情的猜疑；由于性格脾气的差异，缺乏相互间的包容与理解，逐渐引发了对对方的不满情绪；由于嫉妒心的驱使，由此而产生了对朋友的疏远甚至恶意；由于心胸狭窄，处事患得患失，对人产生了怀疑，有的人由于自命清高，唯我独尊，缺乏自知之明，对周围的人和事总觉得不可思议，如此等等，都可能产生怀疑心理。

如果说人与人之间在社会生活中容易产生怀疑是一件不能完全避免的事情，那么，你面对客观存在着的这一现象，既不应回避它、惧怕它，也不应视而不见，听而不闻。正确的态度是要承认它、认识它，合理地对待它。

坦然面对同事的怀疑，既要求你随时接受怀疑挑战的心理准备，又要求你有防患于未然的强烈心理意识，即尽量减少被人怀疑的契机。主动说明情况，最好能用事实回答。实际上，你所感受到的怀疑，在很多情况下是由于对方对你的误会引起的。对此，你只要主动出击，心平气和地找对方谈一谈，说明原委，怀疑也就迎刃而解了。

　　当然，最重要的，还是不要惧怕同事对你的怀疑。克服惧怕怀疑的心理，除要有宽阔的胸怀、生活的勇气、正直的形象外，还要有辩证的思维。此时，你不妨这样想一想：怀疑只是向你提出了一个问号，并没有形成最后的结论；问题是对方提出来的，正确的答案却要由你来给出；如果你硬要将怀疑推向结论的边缘，对方也就只好将错就错了。想到此处，也许你就能坦然面对同事的怀疑了。